JN195609

不動産ビジネスに伴う消費税

マルイシ税理士法人

石渡芳徳・藤井幹久・鈴木雅人 [著]

税務経理協会

はじめに

　不動産に係る消費税は，取扱いが難しく，また，習得するためには多くの経験が必要となります。そのため，実務で不動産を取り扱うこととなった際に頭を悩ませる税理士の先生や税理士事務所の職員の方は多いと思います。

　この度，初めて，あるいは，不動産取引の処理の経験が多くない方向けの初級教材となればという思いから，本書を出版する運びとなりました。

　「不動産と相続」の専門家集団として，数多くの不動産取引に従事してきたマルイシ税理士法人だからこそ伝えられる，不動産取引に係る消費税の実務を織り込んでいます。

　消費税の論点は多岐に渡り，また，実務上の取引も多数あるため，本書に記載したもの以外にも，細かな不動産取引にかかる消費税の論点はありますが，主要なものは網羅された一冊となっています。

　本書が，税理士の先生や税理士事務所の職員の方にとって，少しでもお役に立てばとても嬉しく思います。

　最後になりますが，本書の執筆に当たり多くのアドバイスをしてくださった税務経理協会の中村謙一氏には大変お世話になりました。

　この場をお借りしまして，心より御礼を申し上げます。

2025 年 3 月

マルイシ税理士法人　代表社員税理士

石渡　芳徳

藤井　幹久

（注1）本書では，税務上の取扱いを分かりやすくするため，事例について仮定の数値等を設定しています。現実の不動産取引の数値等とは異なることをご理解ください。

（注2）設例の計算に当たり，帳簿及び請求書等は法令に従って適正に保存されていることを前提としています。

　　また，課税仕入れの相手方は，原則として適格請求書発行事業者（以下，「インボイス発行事業者」としています）に該当するものとしています。

（注3）本書における内容は，2024年8月時点の情報であり，税法等の法律や制度は予告なく変更になる場合があります。

　本書に掲載する情報については，細心の注意を払っていますが，正確性や完全性を保証するものではありません。したがって，本書を利用した結果として何らかの損失が発生したとしても，著者及び出版社は，理由の如何を問わず，一切の責任を負いません。不動産取引及びその税務会計処理などに関する最終的決定は，ご自身の判断と責任で行っていただきますようお願いします。

【目 次】

はじめに

消費税の税率

消費税率の変遷

消費税の主な届出等一覧

第1部 基礎編

1 消費税の課税の対象 ·· 2

　1　課税の対象と不課税取引 ······································· 2

　2　取引の分類 ··· 7

2 納税義務 ·· 12

　1　納税義務の判定 ··· 12

　2　課税事業者の選択 ··· 15

　3　前年等の課税売上高による特例 ································· 15

　4　相続があった場合（個人事業者のみ該当）······················· 16

　5　事業承継があった場合（法人のみ該当）························· 19

　6　新設法人である場合（法人のみ該当）··························· 20

　7　特定新規設立法人である場合（法人のみ該当）··················· 21

　8　調整対象固定資産を取得した場合
　　（個人事業者及び法人）··· 22

　9　高額特定資産を取得した場合
　　（個人事業者及び法人）··· 25

3 課税標準 ··· **27**

　1　原　則 ··· 27
　2　みなし譲渡 ··· 27
　3　低額譲渡 ··· 28
　4　一括譲渡 ··· 29

4 仕入税額控除 ·· **30**

　1　原則課税 ··· 30
　2　簡易課税 ··· 60

5 申告 ·· **67**

　1　確定申告 ··· 67
　2　中間申告 ··· 68

6 納税地 ·· **70**

　1　個人の納税地 ··· 70
　2　法人の納税地 ··· 70

7 インボイス制度 ·· **71**

　1　基本的な考え方 ··· 71
　2　適格請求書の記載事項 ··· 73
　3　登録を取りやめる場合 ··· 74
　4　宅建業者の特例 ··· 75
　5　免税事業者等からの仕入れに係る経過措置 ··························· 76
　6　2割特例 ··· 77

第2部　実務編

1 売却した場合の取扱い ······································· **80**

　　1　土地建物を一括譲渡した場合の土地と建物の按分 ················· 80

　　2　固定資産税等精算金の取扱い ································· 86

　　3　家事供用資産を譲渡した場合 ································· 88

　　4　不動産の譲渡があった時期 ··································· 90

　　5　資産の譲渡等に類する行為

　　　　（代物弁済・負担付贈与・現物出資など） ··················· 91

　　6　収用があった場合 ··· 93

　　7　交換があった場合 ··· 94

　　8　たまたま土地の譲渡があった場合の準ずる割合

　　　　（課税売上割合に準ずる割合） ··························· 94

2 購入した場合の取扱い ······································· **98**

　　1　不動産取引の消費税の課否判定 ····························· 98

　　2　不動産取得時の用途区分 ··································· 101

　　3　用途区分の判定時期 ······································· 105

　　4　不動産の取得の時期 ······································· 105

　　5　建設仮勘定の取扱い ······································· 106

　　6　共有と区分所有 ··· 108

　　7　土地建物を一括取得した場合の土地と建物の按分 ··············· 109

3 賃貸した場合の取扱い ······································· **111**

　　1　不動産の貸付け ··· 111

　　2　収益の認識（賃貸） ······································· 120

　　3　経費の取扱い ··· 131

【消費税の税率（標準税率，2019 年（令和元年）10 月 1 日以後）】

　本書の適用税率は，特段の指示があるものを除き，消費税率 7.8％，地方消費税率 2.2％としています。また，税率の経過措置については，適用される取引及び軽減税率の対象は含まれないものとしています。

課税標準×10％（消費税率 7.8％，地方消費税率 2.2％）
（参考）軽減税率：課税標準×8％（消費税率 6.24％，地方消費税率 1.76％）

【消費税率の変遷】

消費税率の変遷		税率	うち国税	うち地方税
1989 年（平成元年）4 月 1 日〜 1997 年（平成 9 年）3 月 31 日		3％	3％	
1997 年（平成 9 年）4 月 1 日〜 2014 年（平成 26 年）3 月 31 日		5％	4％	1％
2014 年（平成 26 年）4 月 1 日〜 2019 年（令和元年）9 月 30 日		8％	6.3％	1.7％
2019 年（令和元年） 10 月 1 日〜	標準	10％	7.8％	2.2％
	軽減	8％	6.24％	1.76％

【消費税の主な届出等一覧】

届出書の名称	提出が必要な場合	提出期限
消費税課税事業者届出書	基準期間又は特定期間における課税売上高等が1,000万円超となった場合	事由が生じた場合,速やかに
消費税の納税義務者でなくなった旨の届出書	基準期間における課税売上高等が1,000万円以下となった場合	事由が生じた場合,速やかに
消費税課税事業者選択届出書	免税事業者が課税事業者になることを選択しようとするとき	適用を受けようとする課税期間初日の前日まで
消費税課税事業者選択不適用届出書	課税事業者の選択をやめようとするとき	適用をやめようとする課税期間の初日の前日まで
消費税簡易課税制度選択届出書	簡易課税制度を選択しようとするとき	適用を受けようとする課税期間の初日の前日まで
消費税簡易課税制度選択不適用届出書	簡易課税制度の選択をやめようとするとき	適用をやめようとする課税期間の初日の前日まで

【凡例】

消法	消費税法
消令	消費税法施行令
消規	消費税法施行規則
消基通	消費税法基本通達

第 1 部

【基礎編】

　本書では，消費税及び地方消費税を総称して「消費税」としています。
　また，課税資産の譲渡等に係る課税仕入れを「課税対応仕入れ」，その
他の資産の譲渡等に係る課税仕入れを「非課税対応仕入れ」，課税資産の
譲渡等とその他の資産の譲渡等に共通して要する課税仕入れを「共通対応
仕入れ」としています。

1 消費税の課税の対象

1 課税の対象と不課税取引

　消費税の課税の対象とは，消費税法の対象となる取引をいいます。課税の対象とならない取引は，不課税とされ，原則，消費税の税額計算では使用することはありません。

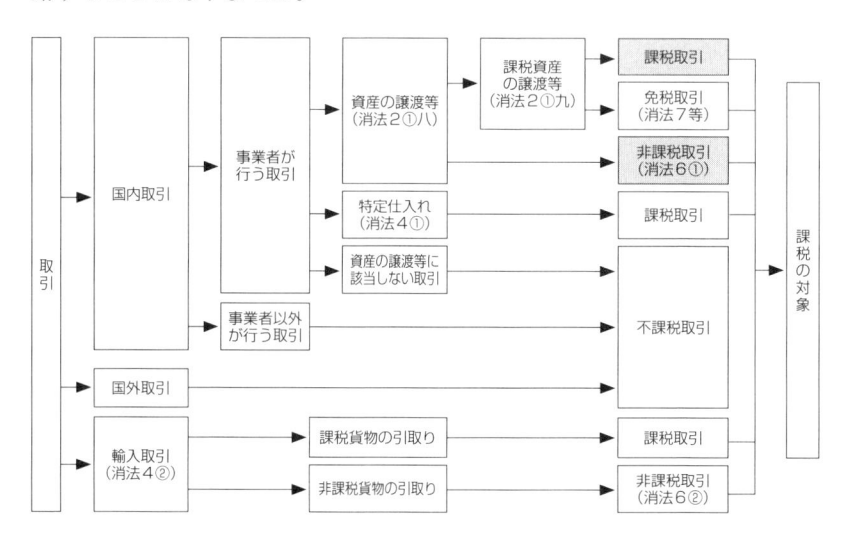

　本書では，国内の不動産における消費税法を前提としており，国外の不動産の取引については特に解説していません（上の図の網掛け部分のみ解説）。
　また，不動産取引では想定されない輸入取引，特定資産の譲渡等，特定仕入れについても解説していません。

（1）国内取引の課税の対象

　消費税の課税の対象は，「国内において事業者が行った資産の譲渡等」
と規定されています。

　資産の譲渡等とは，「事業として対価を得て行われる資産の譲渡及び貸
付け並びに役務の提供」と定義されています。

　2つの条文から，下記の4要件を満たすものが課税の対象となります。

国内取引の課税の対象の4要件
① 　国内において行った
② 　事業者が事業として行った
③ 　対価を得て行った
④ 　資産の譲渡・資産の貸付け・役務の提供

　まず，①「国内において行われたかどうか」ですが，資産の譲渡又は貸
付けについては，「譲渡又は貸付けが行われる時における，その資産の所
在場所」で判定します。

　国内に所在する不動産の取引（不動産の売買や貸付け）は要件を満たし
ますが，例えば，米国不動産に投資した場合の家賃収入については，課税
の対象にはなりません。

　次に，②事業者とは，「個人事業者」と「法人」を指します。

　また，「事業として」とは，対価を得て行われる資産の譲渡や貸付けな
どを反復，継続，かつ，独立して行うことをいいます。

　法人は，事業活動を行うことを目的として設立されたものであることか
ら，その全ての行為が「事業として」に該当します。それに対して，個人
事業者には，事業者と消費者の2つの側面があります。そのため，個人事
業者が，マイホームのような事業とは関係ない自家用不動産を売却した場
合には，その売却は，たとえ事業者が行ったものでも，事業として行った
取引ではないので，消費税の課税の対象とはなりません。

個人事業者の場合には，不動産の家賃収入（不動産所得）や，賃貸用の土地や建物を売却したとき（譲渡所得）の，その売却対価が消費税の課税の対象となります。

【「事業者」と「事業として」】

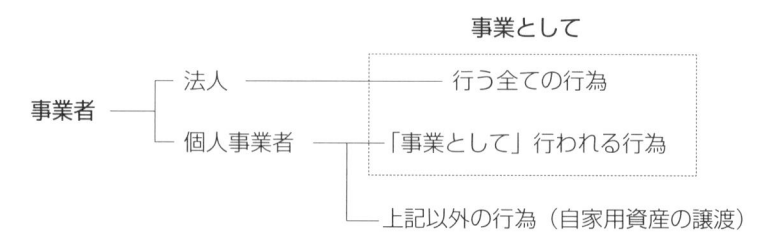

事業としての意義（消基通5−1−1）

　第2条第1項第8号《資産の譲渡等の意義》に規定する「事業として」とは，対価を得て行われる資産の譲渡及び貸付け並びに役務の提供が反復，継続，独立して行われることをいう。（平23課消1−35により改正）

（注）

　1　個人事業者が生活の用に供している資産を譲渡する場合の当該譲渡は，「事業として」には該当しない。

　2　法人が行う資産の譲渡及び貸付け並びに役務の提供は，その全てが，「事業として」に該当する。

付随行為（消基通5−1−7）（一部抜粋）

　令第2条第3項《付随行為》に規定する「その性質上事業に付随して対価を得て行われる資産の譲渡及び貸付け並びに役務の提供」には，例えば，事業活動の一環として，又はこれに関連して行われる次に掲げるようなものが該当することに留意する。

（3）事業の用に供している建物，機械等の売却

「事業として」の判断

　個人事業者においては，「事業として」行った取引であるかどうかが，ポイントとなるわけですが，消費税法の「事業」は，所得税法の「事業的規模」より範囲の広い概念だと考えられます。

　不動産の貸付けについては，所得税法上，事業的規模に至らないとされるものであっても，消費税法上は「事業として」に該当します。

【参考】建物の貸付けが事業として行われているかどうかの判定（所基通 26-9）

　不動産の貸付けが事業として行われているかどうかについては，原則として社会通念上事業と称するに至る程度の規模で行われているかどうかによって，実質的に判断します。

　ただし，建物の貸付けについては，次のいずれかの基準に当てはまれば，原則として事業として行われているものとして取り扱われます。

（1）　貸間，アパート等については，貸与することのできる独立した室数が概ね 10 室以上であること
（2）　独立家屋の貸付けについては，概ね 5 棟以上であること

　所得税の計算において事業的規模かどうかの判定で有名なのは，いわゆる「5 棟 10 室基準」です。仮に，社会通念上事業的規模に該当すると考えられず，この要件を満たさないような場合には，規模の小さい貸付け（事業的規模以外）とされ，所得税法の計算では税制上の様々な特典を受けることができません。

　消費税法では，所得税法の事業的規模に該当しない場合でも「事業として」に該当することになります。そのため，区分マンションの 1 室のみを賃貸しているような，いわゆるワンルームのオーナーでもその賃貸用の区分マンションの売却をした場合は「事業として」行ったものと考え，消費税の課税の対象となります。

次に，③対価を得て行われるとは，資産の譲渡，資産の貸付け，役務の提供について，「反対給付」を受けることをいいます。

　そのため，対価がない取引は，原則的に消費税の課税対象とはなりません。

　例えば，金銭等を受け取って不動産を売却する場合は，消費税の課税の対象となり得ますが，不動産を贈与する場合は，消費税の課税の対象とはなりません。また，対価は，金銭に限りませんので，交換や代物弁済，現物出資などの金銭の受取りを伴わない資産の引渡しでも，対価を得て行われる取引に該当します。

対価を得て行われるの意義（消基通5-1-2）

　法第2条第1項第8号《資産の譲渡等の意義》に規定する「対価を得て行われる資産の譲渡及び貸付け並びに役務の提供」とは，資産の譲渡及び貸付け並びに役務の提供に対して反対給付を受けることをいうから，<u>無償による資産の譲渡及び貸付け並びに役務の提供は，資産の譲渡等に該当しないことに留意する</u>。（平27課消1-17により改正）

　なお，対価のない無償の行為や取引でも，例外的に事業として対価を得て行われたと扱われるものがあります。それを「みなし譲渡」といいます。

　以下のものがそれに該当します。

(i)　個人事業者の棚卸資産や事業用資産の家事消費又は使用
(ii)　法人が自社の役員に対して行う資産の贈与

　上記(i)の個人事業者には，本人だけではなく，同居親族も含まれます。事業用資産を家事用に転用した場合には，消費税の課税の対象となります。

　また，(ii)については役員に資産を無償で譲渡した場合をいいますので，役員への賃貸不動産の無償の貸付けはみなし譲渡とはなりません。

　最後に，④「資産の譲渡，資産の貸付け，役務の提供」という売上取引が課税の対象に置かれています。

【消費税の課税の対象のまとめ】

① 　国内に存在する不動産の売買や賃貸を対象とする。
② 　法人が行う不動産取引は全て事業としてに該当，個人が行う不動産取引のうち家事用不動産の譲渡は事業としてに該当しない（対象外）。
③ 　対価性のある取引が対象となる。
④ 　資産の譲渡，貸付け，役務の提供が対象となる。

2　取引の分類

　上記**1**では，消費税の課税の対象となる要件について確認しました。

　次の段階として，課税の対象となった売上取引について「非課税取引」「免税取引」「課税取引」に分類を行います。消費税の税額計算では，「非課税取引」「免税取引」「課税取引」は，各々取扱いが異なるため，正確な取引分類を行うことが大切です。

　「非課税取引」とは，消費税の課税の対象となった取引のうち，消費に負担を求める税の性格から消費税を課税することがなじまないものや，社

会政策的な見地から消費税を課さないものとされているもので，消費税法において非課税として限定列挙がされています。

　消費税の課税の対象に該当しない取引を不課税取引といいますが，消費税の課税の対象に該当しても消費税が課税されない取引もあります。それが「非課税取引」です。

　また，消費地課税（物やサービスの消費地で消費税を課税する）という考えから，一定の輸出取引等については，免税取引が設けられています。

　ここで，消費税では，課税取引，不課税取引，非課税取引，免税取引など消費税法には複雑な取引分類が存在します。各取引について，簡単にイメージを確認しておきましょう。これらの取引の区別ができていないと，消費税の実務処理に大きな影響が出てしまいます。

不課税取引 ⇒ 消費税法の規定の対象とならない取引（課税の対象外取引）
非課税取引 ⇒ 消費税の課税対象取引のうち，消費の性格になじまないものなどの理由から消費税を課さないこととしている取引
免 税 取 引 ⇒ 商品の輸出など，国外で物やサービスが消費されることから消費税を免除する取引
課 税 取 引 ⇒ 不課税取引，非課税取引，免税取引のいずれにも該当しない取引で消費税が課税される取引

　特に不動産取引では，非課税取引の取扱いが多く，取引金額が高額なものが多いです。非課税取引については，何となく「非課税取引」なのか，「不課税取引」なのか迷う人も多いかと思います。

　非課税取引については，項目が限定列挙されています。こういうものが非課税取引ですよと範囲が決められていますので，その範囲の中に当てはまれば非課税取引といえます。

　非課税取引の範囲は下図のとおりです。

【非課税取引】

非課税	消費という性格になじまないため非課税としている取引	**土地の譲渡及び貸付け**
		有価証券等の譲渡
		預貯金などの利子
		保険料
		一定の郵便切手類，印紙，証紙の譲渡
		物品切手等の譲渡
		行政手数料など
	社会政策的な見地から非課税としている取引	診療報酬など（自由診療を除く）
		助産に係る資産の譲渡等
		埋葬料，火葬料
		身体障害者用物品
		教育に関する役務の提供（授業料，入学金など）
		教科用図書の譲渡・**住宅の貸付け**など

　また，本書では，これらの非課税取引のうち，不動産取引に関するものを主に確認していきます。

　なお，「免税取引」とは，消費地課税の見地から，一定の輸出取引等については，消費税を免除する（0％課税）こととしているものです。なお，不動産取引について輸出取引等に該当するものはないことから，本書では免税取引について解説はしていません。

（1）「土地」の譲渡及び貸付け

　土地の譲渡・貸付けは非課税取引です。

　例えば，土地を譲渡した場合の譲渡対価，青空駐車場を賃貸する場合の地代収入などは，消費税が非課税となります。

　それに対して，「建物」の譲渡・貸付け（居住用住宅を除く）の対価には消費税が課税されます。

不動産事業における実務 POINT

非課税とされる土地の譲渡及び貸付け

　土地の貸付けであっても，貸付期間が1か月未満の土地の貸付けは非課税取引とはなりません。また，例えば，テナントや事務所の家賃などについて，家賃と地代を区分する契約を行っていたとしても，その全体が家賃として課税取引になります。

　このように単純な取引でも契約期間等によって，課税取引にも非課税取引にもなり得るため，「賃貸借契約書」から契約内容をよく確認するようにしてください。

土地関係	譲渡			非課税
	貸付け	土地のみの貸付け	貸付期間1月以上	非課税
			貸付期間1月未満	課　税
		住宅以外の施設の貸付けに伴うもの		課　税

（2）住宅の貸付け

　住宅の貸付けは社会政策的な見地から非課税取引とされています。社宅制度を利用していても，社宅の「社員への貸付け」や「法人が大家さんから借り上げた場合」も非課税取引となります。

　なお，住宅の貸付けであっても，1か月未満の期間の貸付けの場合には，課税取引となります。民泊などによる貸付けの場合には，非課税取引とはなりません。また，貸主や借主が法人であっても取扱いについては違いは

ありません。

不動産事業における実務 POINT

共益費等の取扱い

　通常，居住用の不動産の賃貸借があった場合，家賃の他，共益費も合わせて授受されます。

　建物等の貸付けに伴う共益費，権利金，更新料等については，原則として家賃と同じ取扱いとなるので住宅の貸付けに係る共益費は，非課税取引に該当します。

【共益費等の取扱いの判定】

内　容	消費税の判定
事務所・店舗等の貸付けに係るもの	課税取引
住宅の貸付けに係るもの	非課税取引

（3）非課税とされる「居住の用」

　従来，「住宅の貸付け」については，賃貸借契約に基づいて，「人の居住の用」に供することが明らかなものに限り，非課税とされていました。

　これにより，賃貸借契約書に居住の用に供する旨を記載しないことで，仕入税額控除を受けられてしまうことが見受けられていました。

　そこで，令和2年度に税制改正がなされ，賃貸借契約書に用途が記載されない場合であってもその建物の状況から人の居住の用に供することが明らかな貸付けについては，「住宅の貸付け」として非課税として取り扱うこととされています。

　詳しくは，実務編を参照してください。

2 納税義務

1 納税義務の判定

　消費税法では，国内において課税資産の譲渡等を行った事業者を納税義務者として規定しています。課税資産の譲渡等とは，資産の譲渡等のうち非課税の規定により消費税が課税されないこととなるもの以外のものをいいます。つまり，国内において行った課税資産の譲渡等とは，課税の対象のうち「課税取引」と「免税取引」に当たる売上取引が該当することになります。ただし，小規模事業者の納税事務負担を考慮して，納税義務の免除の規定が設けられています。

　基準期間（**（1）**参照）における課税売上高（**（2）**参照）が 1,000 万円以下の事業者は，当期の課税売上高の多寡にかかわらず納税義務はありません（以下，納税義務がない事業者を「免税事業者」，納税義務がある事業者を「課税事業者」とします）。

　ここで注意したいのは，判定に用いる課税売上高は，「基準期間」の課税売上高を用いるということです（消基通 1 - 4 - 1）。当期（年）の課税売上高は，当期（年）の納税義務の判定には用いられませんので注意してください。

不動産事業における実務 POINT

納税義務の判定のポイント

　事業年度（法人），当年（個人事業者）の賃貸規模が小さい場合でも，消費税の課税事業者に該当することがあるので，必ず直近 2 年間の課税売上高（賃貸用不動産の売却などがなかったかなど）を確認するようにしましょう。

（1）基準期間

個人事業者……その年の前々年
法　　　人……その事業年度の前々事業年度

（2）税抜純課税売上高

　判定に用いる課税売上高は，基準期間の課税売上高（税抜）からその課税期間の課税売上高に係る値引額（税抜）を控除して計算します。

　その他，下記の留意点があります。本書では，以下において，このように計算する課税売上高を「税抜純課税売上高」と表記しています。

【判定に用いる課税売上高の計算上の留意点】

① 課税売上高は税抜で計上
　課税売上高は税抜きの金額です。

② 免税売上高を含める
　免税取引（0％課税）の売上高も課税売上高に含めます。

③ 値引きは売上高から控除する
　計算に用いる売上高は，売上値引き等の金額（税抜）を控除した後の純売上高となります。

④ 貸倒れは売上高から控除しない
　貸倒金額を売上高から控除しないで計算します。

　なお，基準期間が1年でない法人は，税抜純課税売上高を基準期間の月数の合計数で除して，12を乗じて（年換算して）納税義務の判定を行うことに注意してください。

　また，基準期間が免税事業者であった場合には，その基準期間中の課税売上げには消費税が課されていません。したがって，その事業者の基準期間における課税売上高の算定に当たっては，税抜き処理をしません（消

基通 1 - 4 - 5 ）。

　納税義務の判定の手順として，まずは，基準期間における課税売上高により納税義務の有無を判定をすることとされています。ただし，基準期間における課税売上高が 1,000 万円以下であっても，直ちに免税事業者となるわけではなく，下記の特例の適用を受ける場合やインボイス事業者の登録をする場合には，基準期間における課税売上高が 1,000 万円以下であっても課税事業者となります。

【個人の場合】

①　課税事業者の選択
②　前年等の課税売上高による特例（特定期間における課税売上高による判定）
③　相続があった場合の特例
④　調整対象固定資産を取得した場合の特例（課税事業者の選択）
⑤　高額特定資産を取得した場合の特例

【法人の場合】

①　課税事業者の選択
②　前年等の課税売上高による特例（特定期間における課税売上高による判定）
③　吸収合併があった場合 ┐
④　新設合併があった場合 ├ 事業継承があった場合
⑤　吸収分割があった場合 │
⑥　新設分割があった場合 ┘
⑦　新設法人である場合
⑧　特定新規設立法人である場合
⑨　調整対象固定資産を取得した場合の特例（課税事業者の選択，新設法人，特定新規設立法人）
⑩　高額特定資産を取得した場合の特例

2　課税事業者の選択

「課税事業者選択届出書」を期限内に所轄税務署に提出することにより自ら課税事業者を選択できます。

【提出期限】

原則：課税事業者の選択の適用を受けようとする課税期間開始の日の前日まで
特例：事業を開始した課税期間等から課税事業者の選択の適用を受けようとする場合には，事業を開始した課税期間の末日まで

　免税事業者については，消費税の確定申告が認められていません。もし，免税事業者が消費税の還付を受けようとする場合には，課税事業者となり消費税の確定申告をする必要があります。

　消費税では，事前の届出により，事業者が自ら課税事業者となることを認めています。

　また，一度，課税事業者の選択をした場合でも，課税事業者選択届出書の効力発生日から2年を経過する日の属する課税期間の初日以後であれば，「課税事業者選択不適用届出書」を提出することで課税事業者の選択を受けることをやめることができます（課税事業者選択の2年継続適用）。

3　前年等の課税売上高による特例

　基準期間における課税売上高が1,000万円以下である場合でも，特定期間の課税売上高（税抜純課税売上高）が1,000万円を超える場合には，納税義務は免除されません。なお，特定期間における課税売上高に代えて特定期間における給与等の支払額による1,000万円との比較判定が認められています。そのため，特定期間の課税売上高と給与等の支払額のいずれか

が 1,000 万円を下回れば免税事業者でよいことになります。

　なお，特定期間とは下記の期間を指します。

個人事業者……その年の前年 1 月 1 日から 6 月 30 日までの期間
法　　　人……その事業年度の前事業年度開始の日以後 6 か月の期間
　　　　　　　（※）前事業年度が 7 か月以下の場合には，特定期間はありません。
　　　　　　　（※）前事業年度開始の日以後 6 か月の期間の末日が月末でない場合には，6 か月の期間の末日が属する月の前月末日までの期間となります。

不動産事業における実務 POINT

前期の課税売上高による特例のポイント

　特定期間における課税売上高と給与等の支払額が両方とも 1,000 万円を超える場合は必ず課税事業者となりますが，1,000 万円との比較判定を課税売上高で行うか支払給与額で行うかは事業者の任意選択であるため，たとえ，特定期間における課税売上高が 1,000 万円を超える場合でも，役員報酬や給与等の支給がない場合には，免税事業者として問題はありません。

4　相続があった場合（個人事業者のみ該当）

　相続により事業を承継した場合には，課税の公平の見地から相続人の相続年以降 3 年間について相続人の基準期間における課税売上高（税抜純課税売上高）のみでなく，被相続人の基準期間における課税売上高（税抜純課税売上高）も用いて 1,000 万円を超えるかどうかの判定を行い，相続人の納税義務を判定します。

（1）相続があった年

　相続があった年の被相続人の基準期間における課税売上高が 1,000 万円を超える場合は，相続があった日の翌日からその年の 12 月 31 日までの間は，課税事業者となります。

（2）相続があった年の翌年，翌々年

　相続があった年の翌年又は翌々年の被相続人の基準期間における課税売上高と相続人の基準期間における課税売上高との合計額が 1,000 万円を超える場合は，相続があった年の翌年又は翌々年は，課税事業者となります。

不動産事業における実務 POINT

複数の相続人がいる場合の注意点

⑴　事業場を分割承継した場合

　　相続人が 2 以上の事業場を，事業場ごとに分割して承継した場合には，それぞれの相続人が承継した部分の課税売上高により，納税義務の判定を行うこととなります（消令 21）。

　　例えば，被相続人が複数のテナントを持っており，年間の課税売上高が 1,000 万円を超えていたとして，各テナントを長男が 1 人で全て相続すると長男が課税事業者に該当するケースでも，長男と次男で分割して相続した場合には，各相続人は免税事業者となることもあります。

⑵　未分割の場合

　　複数の相続人がいるケースでは相続発生後すぐに分割が確定せず，一定期間，相続財産が未分割となってしまうことも珍しくありません。この場合には，財産の分割が決定されるまで，各相続人が被相続人の事業を共有して承継したものとされます。

　　なお，判定に用いる被相続人の基準期間における課税売上高は，相続財産の分割が実行されるまでの間は，各相続人の法定相続分に応じた割合を乗じた金額によることとされています（消基通 1 - 5 - 5）。

前年に相続があった場合の共同相続人の消費税の納税義務の判定について

　前年に相続があった場合の共同相続人の消費税の納税義務の判定については，遺産分割が行われるまでは，被相続人の事業を共同して営んでいたため，被相続人の基準期間における課税売上高を法定相続分で按分し，納税義務の判定をすることが明らかにされています（平成24年9月18日東京国税局審理課長文書回答事例）。

　　相続があった年に遺産分割協議が確定した場合における共同相続人の消費税の納税義務の判定について

　相続があった年に遺産分割協議が確定した場合における共同相続人の消費税の納税義務の判定については，遺産分割協議において確定した割合により計算した課税売上高ではなく，被相続人の基準期間における課税売上高に法定相続分を乗じた金額による課税売上高により納税義務の判定をすることが明らかにされています（平成27年3月24日大阪国税局審理課長文書回答事例）。

(3)　届出の効力

　納税義務の判定では，被相続人の基準期間における課税売上高を用いますが，被相続人が提出した届出書の効力は相続人に引き継がれませんので，被相続人にならって届出の効力の適用を受けたい場合には，相続人が改めて届出書を提出しなければならないことに留意してください。

　これは，個人の所得税の青色申告の承認申請書の提出においても同様の考え方となります。

【相続により事業承継があった場合の主な届出書，申請書のまとめ】

① 消費税

　相続があった年から課税事業者の選択又は簡易課税制度の適用を受ける場合の消費税課税事業者選択届出書及び消費税簡易課税制度選択届出書の提出期限は下記のとおりです。

　　……相続により事業を継承した場合 (相続人が相続開始の日以前から他の事業を営んでいた場合を除きます) は，相続開始の日の属する年の12月31日まで

② 所得税

青色申告承認申請書の提出期限は下記のとおりです。

死亡の日が1月1日～

　　　　　8月31日までの場合……死亡の日から4か月以内

死亡の日が9月1日～

　　　　　10月31日までの場合……その年の12月31日まで

死亡の日が11月1日～

　　　　　12月31日までの場合……その年の翌年2月15日まで

5　事業承継があった場合（法人のみ該当）

　相続の特例と同様に，課税の公平の見地から吸収合併，新設合併，吸収分割があった場合には，合併法人の納税義務の判定では，被合併法人の基準期間における課税売上高を，分割承継法人の納税義務の判定では，分割法人の基準期間における課税売上高を用いて行うこととされています。また，分割等（新設分割，一定の現物出資，一定の事後設立）があった場合には，租税回避防止の観点から，新設分割子法人の納税義務の判定では新設分割親法人の基準期間における課税売上高を，新設分割親法人の納税義務の判定では，新設分割子法人の基準期間における課税売上高を用いて行うこととされています。

　相続・合併・分割等の納税義務の特例により課税事業者となった場合には，「課税事業者届出書」のみでなく，「相続・合併・分割等があったことにより課税事業者となる場合の付表」を納税地の所轄税務署長に提出することとされていることに留意してください。

6　新設法人である場合（法人のみ該当）

（1）新設法人とは

新設法人とは，次のいずれの要件も満たす法人をいいます。

> ①　その事業年度の基準期間がない（主に法人設立１期目，２期目）
> ②　その事業年度開始の日における資本金の額又は出資の金額が 1,000 万
> 　円以上である法人

（2）新設法人の納税義務

　期首資本金が1,000 万円以上の法人は，基準期間のない事業年度（主に設立第一期，第二期）について，納税義務が免除されません。

　融資の関係などから資本金額を大きくしたいと考える納税者もいると思いますが，設立時の資本金額により設立一期目から課税事業者に該当することとなるため，設定額には注意してください。

　なお，該当する場合には，「消費税の新設法人に該当する旨の届出書」の提出が必要となります。

【資本金 1,000 万円の注意点】

　上記のように新設法人の場合，期首の資本金が 1,000 万円以上となる場合には，消費税の課税事業者となります。そのため，消費税の納税義務判定のことのみを考えれば，資本金を 1,000 万円未満（9,999,999 円まで）とすることが望ましいです。

　資本金 1,000 万円と聞くと，地方税の法人住民税均等割を思い浮かべる方もいると思います。

　例えば，東京都 23 区にある法人であれば，資本金等の額が 1,000 万円以下の場合，均等割が７万円であるのに対して，1,000 万円を超える場合には，均等割が 18 万円となります。

　消費税の納税義務の判定では，資本金 1,000 万円「以上」かどうかで判定をし，均等割の計算では，資本金等の額 1,000 万円「超」かどうかで判

定をします。以上と超は，似ていますがこの1円の違いで税額に大きな影響を与えることもありますので注意してください。

7　特定新規設立法人である場合（法人のみ該当）

（1）特定新規設立法人とは

特定新規設立法人とは，次のいずれの要件も満たす法人をいいます。

① 新規設立法人（その事業年度の基準期間がなく，期首資本金額が1,000万円未満である一定の法人）に該当すること
② 基準期間がない事業年度開始の日において，特定要件(※)に該当すること
③ 特定要件の判定の基礎となった他の者及び他の者と一定の特殊な関係のある法人のうちいずれかの者の一定の事業年度の基準期間に相当する期間における課税売上高（税抜純課税売上高）として一定の金額が5億円を超えること

（※）特定要件とは，新規設立法人の発行済株式又は出資（自己株式又は出資を除きます）の総数又は総額の50%超が他の者により直接又は間接的に保有されている場合等であることをいいます。

（2）特定新規設立法人の納税義務

課税売上高（税抜純課税売上高）が5億円を超える事業者が，一定要件の下，50%超の持分で設立した法人については，たとえ資本金が1,000万円未満であっても，基準期間のない事業年度（主に一期目，二期目）については納税義務が免除されません。大規模事業者の社長が，プライベートカンパニーを設立する場合などにこのケースに該当することがあるため注意してください。

なお，該当する場合には，「消費税の特定新規設立法人に該当する旨の

届出書」の提出が必要となります。

このように消費税の納税義務を判定する様々な規定がありますが，特に不動産に関する事業を行う上で注意したいのが，次に掲げる調整対象固定資産を取得した場合及び高額特定資産を取得した場合です。

8 調整対象固定資産を取得した場合 （個人事業者及び法人）

　課税事業者の選択により課税事業者となった課税期間の初日から2年を経過する日までの間に開始した各課税期間中，又は資本金1,000万円以上の新設法人（上記**6**），特定新規設立法人（上記**7**）が，基準期間のない事業年度中に調整対象固定資産を取得し，原則課税により仕入控除税額を計算した場合には，調整対象固定資産の取得日の属する課税期間の初日から3年を経過する日の属する課税期間まで課税事業者が継続されます（いわゆる3年縛り）。

　ただし，簡易課税の適用を受ける課税期間中に，調整対象固定資産を取得した場合には，3年縛りの適用はありません。

　上記のうち，課税事業者の選択を適用中に調整対象固定資産を取得した場合については，「課税事業者選択不適用届出書」に提出制限を置くことにより，3年間は課税事業者が継続される仕組みとなっています。

　具体的には，調整対象固定資産を取得した日の属する課税期間の初日から同日以後3年を経過する日の属する課税期間の初日の前日まで，課税事業者選択不適用届出書を提出することができません。

＜調整対象固定資産の範囲＞

　調整対象固定資産となる資産は，建物，構築物，機械装置などで，一取引単位の税抜きの取得価額が 100 万円以上の固定資産をいいます（消法2①十六，消令5）。建物の取得については，取引価格も大きいことが多く，この調整対象固定資産に該当する可能性が高いと考えられます。

　なお，土地及び土地に係る資本的支出や不動産販売業の棚卸資産は，たとえ取得価額が 100 万円以上であったとしても調整対象固定資産には該当せず，調整の適用はありません。

不動産事業における実務 POINT

設立一期目が 1 年未満の場合

　調整対象固定資産の購入を行った場合に気を付けておかなければならないことがあります。

　新たに設立した法人が一期目の事業年度から課税事業者を選択して，調整対象固定資産を取得した場合，3 年縛りの対象となります。その際に，一期目が 1 年未満の場合には，3 年を経過する日が四期目までかかりますので，一期目から四期目までの都合，四期間にわたり課税事業者が継続してしまうことがあるので注意が必要です。

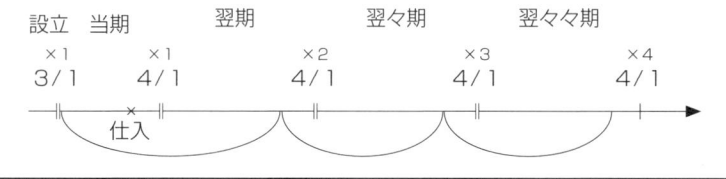

設立	当期	翌期	翌々期	翌々々期
×1	×1	×2	×3	×4
3/1	4/1	4/1	4/1	4/1

仕入

調整対象固定資産の取得による３年縛り

　調整対象固定資産には，税抜取得価額が 100 万円以上の固定資産が該当するため，建物などの不動産に限らず，例えば，営業用車両を購入した場合でもこの規定の制限を受けることになるので注意してください。

　課税事業者の選択により課税事業者となった２年目に調整対象固定資産を取得した場合，その取得の課税期間から３年間課税事業者として縛られます。調整対象固定資産の取得により，課税事業者選択の効力を受けた期間から４年間課税事業者となるため，調整対象固定資産の取得は慎重に行う必要があります。

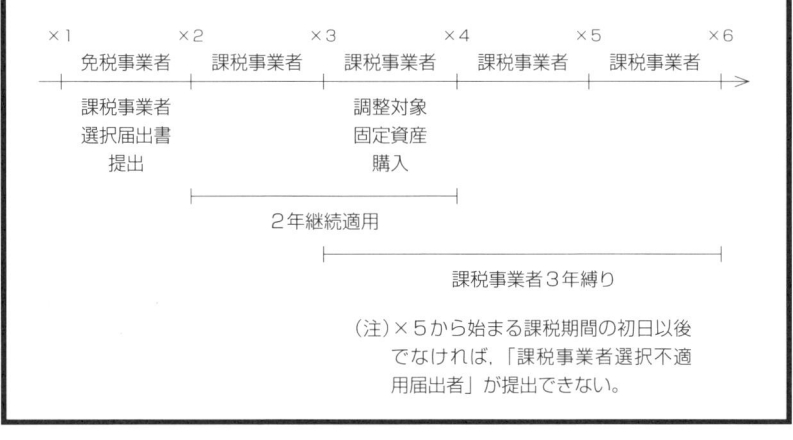

　ここで，課税事業者の選択を２年継続適用とするため，課税事業者選択不適用届出書には提出制限があります。仮に調整対象固定資産の取得をしていないのであれば，上記の例では，×３年以降は課税事業者選択不適用届出書の提出をすることで，×４年以降は課税事業者の選択適用をやめることが可能です。それでは，仮に×３年に課税事業者選択不適用届出書の提出を行った後で調整対象固定資産を取得すれば，課税事業者の３年縛りは回避できるでしょうか。

　結論からいうと，この場合についても課税事業者の３年縛りの適用はあ

りMす。規定により，調整対象固定資産を取得した日の属する課税期間開始の日から調整対象固定資産を取得した日までの間に課税事業者選択不適用届出書の提出を行っていた場合について，その届出書の提出はなかったものとみなされます。

9 高額特定資産を取得した場合 (個人事業者及び法人)

　原則課税による仕入税額控除の適用期間中に高額特定資産の課税仕入れを行った場合には，その取得の日の属する課税期間の初日から当該初日以降3年を経過する日の属する課税期間まで原則課税が継続適用となります（いわゆる3年縛り）（消法12の4・37③，消令25の5）。なお，高額特定資産とは，一の取引単位につき，課税仕入れに係る税抜きの取得金額が1,000万円以上の棚卸資産又は調整対象固定資産をいいます。

　不動産の取引価格は高額なことが多いため，建物が高額特定資産に該当することも少なくありません。判定漏れのないように注意しましょう。

　また，この納税義務の判定は，高額特定資産を自己建設する場合にも，適用があります。

　原則課税の適用期間中に原材料費，経費などの課税仕入れを行い，その累計額が1,000万円以上となった課税期間において，その「自己建設高額特定資産」を取得したものとして取り扱います。この場合には，自己建設高額特定資産を取得したものとされた日の属する課税期間から自己建設高額特定資産の建設等が完了した日の属する課税期間の初日以後3年を経過する日の属する課税期間まで原則課税が継続されます。

　また，高額特定資産である棚卸資産又は調整対象自己建設高額特定資産(※1)について，棚卸資産の調整の適用を受けた場合には，棚卸資産の調整の適

用を受けた課税期間の初日から当該初日以後3年を経過する日の属する課税期間まで（※2）原則課税が継続適用されます。

（※1）調整対象自己建設高額特定資産とは，他の者との契約に基づき，又は事業者の棚卸資産として自ら建設等した棚卸資産で，その建設等に要した課税仕入れに係る支払対価の額の110分の100に相当する金額等の累計額が1,000万円以上となったものをいいます。

　　　自己建設高額特定資産は，免税事業者及び簡易課税制度適用期間中に行った課税仕入れ等は建設等に要した原材料及び経費の額の累計に算入されませんが，調整対象自己建設高額資産は，免税事業者及び簡易課税制度適用期間中に行った仕入れ等は建設等に要した原材料及び経費の額の累計に算入されます。

（※2）棚卸資産の調整の適用を受けた日の前日までに調整対象自己建設高額特定資産の建設等が完了していない場合には，棚卸資産の調整の適用を受けた課税期間の初日から建設等が完了した日の属する課税期間の初日以後3年を経過する日の属する課税期間まで原則課税が継続適用されます。

不動産事業における実務 POINT

調整対象固定資産と高額特定資産の取得の比較

　「調整対象固定資産を取得した場合の納税義務の特例」は，対象が課税事業者の選択をした事業者，資本金1,000万円以上の新設法人又は特定新規設立法人に限定されているのに対し，「高額特定資産の仕入れ等を行った場合の納税義務の判定」は，対象が広く，原則課税を適用する課税事業者が対象となっていることに注意してください。

　また，両特例の適用後に，調整対象固定資産や高額特定資産を売却等した場合でも，原則課税の強制適用は継続されますので注意してください。

3 課税標準

1 原　則

　消費税の税額は，課税標準に税率を掛けて計算します。条文では，消費税の課税標準を「課税資産の譲渡等の対価の額」としています。ただし，国外取引は課税の対象とならず，納税義務もないことから対象とならず，免税取引（0％課税）も消費税が免除されることから対象となりません。したがって，課税標準は「課税取引」について相手から対価として受領した金額となります（「対価課税」）。

　なお，対価の額は，税抜の金額とされているので注意してください。

消法 28 ①　課税標準（一部抜粋）
　課税資産の譲渡等に係る消費税の課税標準は，課税資産の譲渡等の対価の額（対価として収受し，又は収受すべき一切の金銭又は金銭以外の物若しくは権利その他経済的な利益の額とし，<u>課税資産の譲渡等につき課されるべき消費税額及び当該消費税額を課税標準として課されるべき地方消費税額に相当する額を含まないもの</u>とする。）とする。

---

2 みなし譲渡

　消費税は，原則として対価を得て行った売上取引に課税されるため，無償による資産の譲渡は，本来課税の対象とはなりません。しかし，無償であっても，次に該当する取引については，事業として対価を得て行われた資産の譲渡として取り扱います。

⑴　個人事業者が棚卸資産又は棚卸資産以外の資産で事業の用に供していたものを家事のために消費し，又は使用した場合における，当該消費又

は使用

(2)　法人が資産をその役員に対して贈与した場合における，当該贈与

　　上記の場合において，対価の額は次の金額となります。

---

(1)　棚卸資産：課税仕入れの金額又は通常販売価額の50％のいずれか多い
　　金額
(2)　棚卸資産以外の資産：時価

不動産事業における実務POINT

個人事業の廃業などの予期せぬ課税に注意

　個人事業の廃業に伴い，事業用資産に該当しなくなった資産は，事業廃止時において家事のために消費又は使用したものとして，みなし譲渡の規定を適用することになります。

3　低額譲渡

　消費税の課税標準は，課税資産の譲渡等の対価の額です。ただし，法人が自社役員に対して資産を譲渡した場合において，その対価の額が譲渡資産の時価と比較して著しく低いときは，「時価相当額」を対価の額とみなします。

　この場合の「著しく低いとき」とは，対価の額が譲渡資産の時価の50％未満の場合をいいます。

　なお，個人事業者について，低額譲渡の規定はありません。

　また，その資産が棚卸資産である場合において，その資産の譲渡金額が，次のいずれも満たすときは，低額譲渡に該当しません（実際に収受した対価の額を消費税の計算で使用します）。

4　一括譲渡

　土地建物の譲渡など，課税資産と非課税資産を同一の者に対して同時に譲渡する場合については，注意が必要です。

　契約において各資産の譲渡対価の額が合理的に区分されていれば，その区分により，それぞれの対価の額とします。両者が合理的に区分されていない場合には，それぞれの資産の時価の比をもって，対価の額を区分します。しかし，時価については多様性があることから，実務においてはどのように対価の額を区分するか，検討は必要です。

　詳しくは，実務編を参照してください。

消令 45 ③　課税資産の譲渡等及び特定課税仕入れに係る消費税の課税標準
　　　　　の額（一部抜粋）

　事業者が課税資産の譲渡等（特定資産の譲渡等に該当するものを除く。以下この項において同じ。）に係る資産（以下この項において「課税資産」という。）と課税資産の譲渡等以外の資産の譲渡等に係る資産（以下この項において「非課税資産」という。）とを同一の者に対して同時に譲渡した場合において，これらの資産の譲渡の対価の額（法第 28 条第 1 項に規定する対価の額をいう。以下この項において同じ。）が課税資産の譲渡の対価の額と非課税資産の譲渡の対価の額とに合理的に区分されていないときは，当該課税資産の譲渡等に係る消費税の課税標準は，これらの資産の譲渡の対価の額に，これらの資産の譲渡の時における当該課税資産の価額と当該非課税資産の価額との合計額のうちに当該課税資産の価額の占める割合を乗じて計算した金額とする。

---

4 仕入税額控除

1 原則課税

（1）仕入税額控除の概要

　消費税は，実質的に消費者が税を負担することが予定されている間接税です。商品・製品の販売やサービスの提供などの取引に対して，広く公平に課税されますが，生産，流通などの各取引段階で二重三重に税がかかることのないよう，税が累積しない仕組みが採られています。この仕組みが，仕入税額控除です。

　消費税の納税額は，課税売上に係る消費税額から課税仕入れに係る消費税額（仕入税額）を控除して計算されます。課税仕入れとは，事業者が事業として資産を譲り受け，若しくは借り受け，又は，役務の提供を受けることをいい，仕入税額控除の対象となるのは，仕入先において課税売上に該当するものに限られます。

消費税の納税額＝課税売上に係る消費税額−課税仕入れに係る消費税額（仕入税額）

　「仕入税額控除」には大きく，原則的な計算方法（原則課税）と，特例による簡易計算方法（簡易課税）の2つの方法があります。

【仕入税額控除】

```
仕入税額控除 ┬ 原則課税
            └ 簡易課税（注1）

         （注1）基準期間における
                課税売上高
                5,000万円以下
                の課税期間に限定
```

原則課税による税額計算は，実際の経費（課税仕入れ）の額に基づいて計算します。

　それに対し，簡易課税については，課税仕入れは考慮せず，課税売上高に法定の一定率（みなし仕入率）を掛けることで仕入控除税額を計算します。簡易課税制度は，課税売上高のみから，自ずと納税額の計算ができるため，簡便的に税額計算ができます。ただし，簡易課税は中小事業者を対象とする特例となっており，その適用を受けるためには，事前の届出書の提出が必要となります。

　実務的には，毎期，事前に原則課税制度により計算した納税額と，簡易課税により計算した納税額を比較していずれか有利な方法を選択する必要があります。

不動産事業における実務 POINT

不動産賃貸業の場合

　不動産賃貸業においては，小売業の商品仕入れ（課税仕入れ）のような原価がなく，主となる経費も減価償却費や固定資産税など課税仕入れとならないものがほとんどです。
　そのため，大規模な建物の新築，大規模な修繕などを控えている場合などを除き，簡易課税制度を選択した方が税負担が低く有利になるケースが多いです。
　簡易課税制度のメリット，デメリットを確認した上で選択の判断をしましょう。

簡易課税のメリット	簡易課税のデメリット
① 課税売上高の集計のみで税額計算ができるため計算が容易 ② 帳簿等の保存が要件とされていない ③ 仕入に係るインボイスの確認が不要	① 常に仕入税額控除額が売上税額より少なくなるため消費税の還付が受けられない ② 2年間の継続適用がある（調整対象固定資産等の取得により3年となることもある）

簡易課税制度のデメリットで最も大きいのは，消費税が還付とならないことです。

不動産に関する課税仕入れはその取引金額も大きくなる傾向があり，初年度の売上に係る消費税額より，仕入れに係る消費税額が大きくなることもあり得ます。この場合に，原則課税を採用していれば，仕入税額控除が大きく，消費税額が還付となりますが，簡易課税ではそうはなりません。課税売上高に係る消費税額にみなし仕入率を掛けることで仕入控除税額を計算するため，仕入控除税額が売上に係る消費税額を超えることがありません。また，簡易課税には継続適用要件があり，一度簡易課税制度を採用すると少なくとも2年は継続適用となるため注意が必要です。

翌期以降の不動産の取得や大規模修繕工事の予定など事前に納税者にヒアリングをしておく必要があります。

（2）原則課税

原則課税の場合，全額控除，個別対応方式，一括比例配分方式のいずれかの方法により，課税売上げに係る消費税額から控除する仕入税額（仕入控除税額）を計算します。

手順として，その課税期間における課税売上高（税抜純課税売上高）と課税売上割合を計算します。課税期間における課税売上高（税抜純課税売上高）が5億円以下であり，かつ，課税売上割合が95％以上の場合には，その課税期間の課税仕入れに係る消費税額の全額が仕入控除税額となります。

その課税期間における課税売上高（税抜純課税売上高）が5億円を超える場合又はその課税期間の課税売上割合が95％未満である場合には，課税仕入れに係る消費税額の全額を課税売上に係る消費税額から控除することができず，個別対応方式又は一括比例配分方式のいずれかの方法により

仕入控除税額を計算することとなります。

【原則課税】

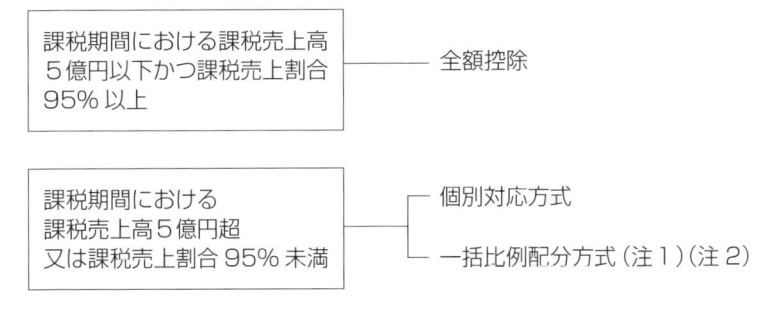

課税期間における課税売上高
５億円以下かつ課税売上割合
95％以上 ——— 全額控除

課税期間における
課税売上高５億円超
又は課税売上割合95％未満 ── 個別対応方式
　　　　　　　　　　　　　　 └─ 一括比例配分方式（注１）（注２）

（注１）２年継続適用
（注２）課税仕入れに係る消費税を区分して
　　　　いない場合には，一括比例配分方式

① **課税売上割合とは**

　課税売上割合とは，課税期間中に国内において行った資産の譲渡等の対価の額の合計額のうち，課税期間中に国内において行った課税資産の譲渡等の対価の額の合計額の占める割合として，一定の方法により計算した割合をいいます。要は，「その課税期間中の課税の対象となった売上げの金額のうちに，課税売上げの金額の占める割合がどれくらいあるか」を示した割合です。

　課税売上割合の計算では，「課税売上高」,「免税売上高」,「非課税売上高」が次のように分子と分母に計上されます。免税売上高，非課税売上高は全て純売上高で，課税売上高は，税抜純課税売上高です。

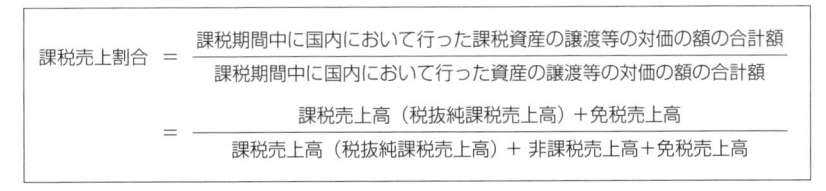

$$課税売上割合 = \frac{課税期間中に国内において行った課税資産の譲渡等の対価の額の合計額}{課税期間中に国内において行った資産の譲渡等の対価の額の合計額}$$

$$= \frac{課税売上高（税抜純課税売上高）＋免税売上高}{課税売上高（税抜純課税売上高）＋非課税売上高＋免税売上高}$$

	課税売上割合	
	分子	分母
課税売上高	計上される	計上される
免税売上高	計上される	計上される
非課税売上高	計上されない	計上される
不課税収入	計上されない	計上されない

② 個別対応方式

(i) 用途区分と計算方法

　個別対応方式により仕入控除税額を計算する場合には，その課税期間に行った各課税仕入れについて用途区分をする必要があります。

課税資産の譲渡等にのみ要する課税仕入れ	⇒	課税売上にのみ対応する課税仕入れ（本書では「課税対応仕入れ」と表記しています）
(例) 販売用の建物の購入代金や賃貸事務所用建物の修繕費など		
その他の資産の譲渡等にのみ要する課税仕入れ	⇒	非課税売上にのみ対応する課税仕入れ（本書では「非課税対応仕入れ」と表記しています）
(例) 賃貸住宅用の建物の修繕費など		
課税資産の譲渡等とその他の資産の譲渡等に共通して要する課税仕入れ	⇒	課税売上と非課税売上の両方に関連するもの，又は，売上げとの明確な対応関係がない課税仕入れ（本書では「共通対応仕入れ」と表記しています）
(例) 土地付建物の売却に係る仲介手数料，消耗品費などの販売管理費及び一般管理費など		

　その上で，課税対応仕入れに係る消費税額は，その全額を課税売上げに係る消費税額から控除し，共通対応仕入れに係る消費税額は，課税売上割

合を乗じた分だけが課税売上げに係る消費税額から控除されます。

　また，非課税対応仕入れに係る消費税額は，一切控除できません。

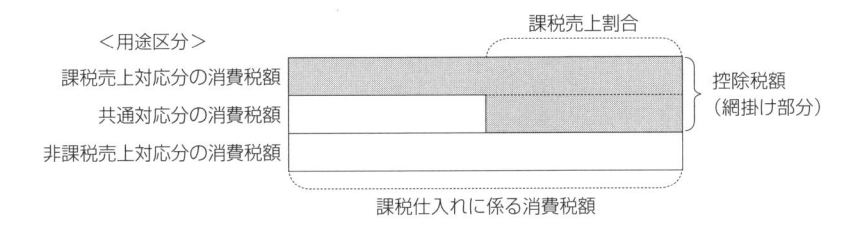

不動産事業における実務 POINT

非課税対応仕入れと非課税仕入れの違い

　「非課税対応仕入れ」と「非課税仕入れ」は，名前は似ていますが，全く別ものです。

　非課税対応仕入れは，課税仕入れの中で，非課税売上に対応するものを指します。

　それに対して，非課税仕入れ（土地の仕入れなど）は，そもそも課税仕入れではなく仕入税額控除の対象になりません。

　名前は似ていますが，注意しましょう。

＜用途区分の手順＞

原則課税において仕入控除税額の対象となるのは，「課税仕入れ」
① 　最初に，課税仕入れに該当するかを判断
② 　次に，用途区分を判断
　　土地の売却に係る仲介手数料……a 　課税仕入れに該当
　　　　　　　　　　　　　　　　　 b 　土地の売却という非課税売上に対応するため「非課税対応仕入れ」に該当します。
　　販売用の土地の購入………………a 　非課税仕入れ
　　　　　　　　　　　　　　　　　 b 　仕入控除税額の計算では使用しません。

(ii) 課税売上割合に準ずる割合

　「個別対応方式」で仕入控除税額を計算する際に，共通対応仕入れに乗じる課税売上割合に代えて他の割合（課税売上割合に準ずる割合）で計算することが認められています（消法30③）。課税売上割合により計算した仕入控除税額が事業の実態を反映していないようなこともあり，より合理的な割合で計算することを趣旨としています。

　この課税売上割合に準ずる割合は，全額控除となるか否かの95%との比較判定では使用することができないので注意しましょう。

　不動産事業会社の中に，不動産販売を行う部門と，不動産の仲介取引を行う部門があるとします。不動産販売業の場合には，土地の売却による売上げなどによる非課税売上の影響で課税売上割合は基本的に95%未満となることが多いです。しかし，不動産の販売は行わず不動産取引の仲介業などを中心に行う事業の場合には，売上高のほとんどが課税売上です。

　このように部門によって性質が違う場合には，1つの課税売上割合のみの使用では，事業の実態を反映しないこととなります。そのため，「課税売上割合に準ずる割合」の承認申請をすることにより，合理的な割合により共通対応分の仕入税額控除額を計算することが認められています。

(a) 課税売上割合に準ずる割合とは

　課税売上割合に準ずる割合とは，使用人の数又は従事日数の割合，消費又は使用する資産の価額，使用数量，使用面積の割合その他課税資産の譲渡等とその他の資産の譲渡等に共通して要するものの性質に応ずる合理的な基準により算出した割合をいいます（消基通11-5-7）。

(b) 課税売上割合に準ずる割合の承認申請

　①　「課税売上割合に準ずる割合の適用承認申請書」を税務署長宛に提出して，承認を受けます。

② その承認を受けた日の属する課税期間から課税売上割合に準ずる割合を適用します。

③ 税務署長はこの申請について審査を行い，認められない場合には却下されます。

④ 課税売上割合に準ずる割合の適用をやめる場合には，「課税売上割合に準ずる割合の不適用届出書」を提出しなければなりません。

なお，その提出日の属する課税期間から不適用となり原則的な計算に戻ることとなります。

また，課税売上割合に準ずる割合の承認申請については，自動承認制度は採用されていないため，通知書が届きます。

(c) 適用単位と適用方法

課税売上割合に準ずる割合は，通常の課税売上割合のように，事業者が行う事業の全部について統一的に適用する必要はありません。

次の①〜③のような区分ごとの課税売上割合に準ずる割合で承認を受けることができます。

---

① その事業の種類の異なるごと
② その事業に係る販売費，一般管理費その他の費用の種類の異なるごと
③ その事業に係る事業場の単位ごと

例えば，不動産業においては，仲介部門や賃貸管理部門，販売部門などで区別して，従業員の割合を採用するケースなどが考えられます。

不動産事業における実務 POINT

課税売上割合に準ずる割合の適用範囲

課税売上割合に準ずる割合は，「個別対応方式」により計算する場合に適用するものであるため，承認申請を受けていたとしても，一括比例配分方式により仕入税額を計算する場合には，適用ができません。

③ 一括比例配分方式

　課税仕入れを詳細に区分せず，課税仕入れに係る消費税額に課税売上割合を乗じて仕入控除税額を計算する方法です。

(i) 個別対応方式よりも簡便的な計算方法

　個別対応方式を適用する場合には，課税仕入れを，①課税対応仕入れ，②非課税対応仕入れ，③共通対応仕入れのいずれかに用途区分を行う必要があります。

　しかし，この用途区分が困難な事業者などについて，用途区分を要しない簡便法として，下記の「一括比例配分方式」という方法があります。一括比例配分方式では，全ての課税仕入れについて用途区分をしないで，共通対応仕入れに区分したものとして仕入控除税額を計算（課税仕入れ等の税額の全額に課税売上割合を乗じて仕入控除税額を計算）します。

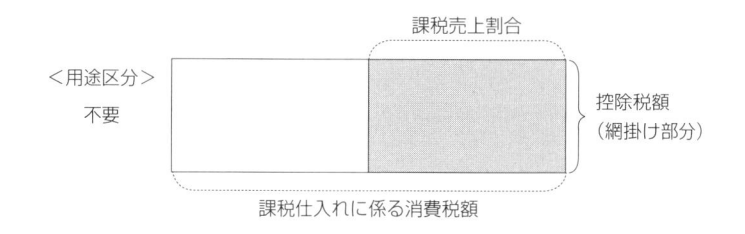

(ii) 有利選択

　個別対応方式で計算するため課税仕入れの用途区分を行っていた事業者は，一括比例配分方式を選択し，仕入れ控除税額の計算をすることが認められています（消法30④）。

　個別対応方式で計算するため課税仕入れの用途区分を行っていた事業者でも，一括比例配分方式で仕入控除税額を計算した方が控除額が大きくなるケースが起こり得ます。

　これは，一括比例配分方式の場合，課税対応仕入れに係る消費税額につ

いて課税売上割合を乗じた分しか控除税額となりませんが，非課税対応仕入れに係る消費税額であっても課税売上割合を乗じた分が控除税額となるからです。

例えば，不動産賃貸業をしていて，居住賃貸用の建物について大がかりな修繕（資本的支出に該当しない）を行った場合など高額な非課税対応仕入れが生じた場合などが想定されます。

実務上は，個別対応方式と一括比例配分方式を比較して，いずれか有利な方を選択できるので，期中の課税仕入れについては用途区分をして会計記帳しておくことが一般的です。なお，一括比例配分方式を選択する場合には，注意点がありますので下記を必ず確認してください。

(iii) 一括比例配分方式の注意点

一括比例配分方式を採用した場合には，その採用した課税期間の初日から2年を経過するまでの間に開始する各課税期間は，一括比例配分方式の継続適用が義務付けられています（消法30⑤）。

当期（当年）が有利だからといって一括比例配分方式を採用した場合に，翌期（年）に大きく不利となってしまうこともあり得ますので選択には注意が必要です。

また，一括比例配分方式を採用して消費税の確定申告をした後で，計算方法を個別対応方式に変更して更正の請求をするようなことも認められていないので注意してください（消基通15-2-7（注））。

一括比例配分方式の継続適用の考え方

　新設法人などは，一括比例配分方式の継続適用の強制期間が２年を超えることもあります。

　一括比例配分方式を採ることとした課税期間の初日（下図のＸ１．１/16）から２年を経過する日（Ｘ３．１/15）の間に開始する課税期間（Ｘ１年，Ｘ２年，Ｘ３年）が一括比例配分方式の対象期間となります

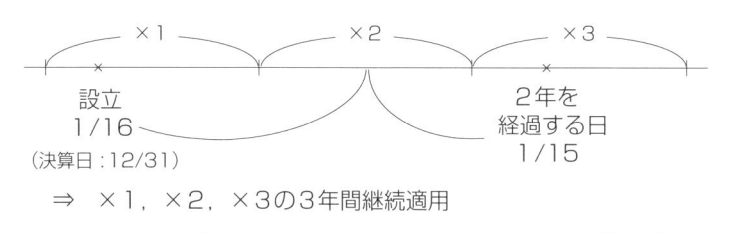

　⇒　Ｘ１，Ｘ２，Ｘ３の３年間継続適用

④　仕入税額控除の要件

　仕入税額控除の適用を受けるためには，一定の事項が記載された帳簿及び請求書等の保存が要件とされています。この請求書等には，適格請求書などのほか，仕入明細書等が該当します。

　また，課税仕入れ等の事実を記載した帳簿，請求書等のうち帳簿については一定の日から７年間保存することとされていますので，要件を満たすよう注意してください。

⑤　控除対象外消費税等の取扱い

(i)　消費税の経理方式

　所得税又は法人税の所得計算において，事業者の任意で，消費税につき「税抜経理方式」又は「税込経理方式」のいずれかの方法で会計処理を行います。

　なお，免税事業者は，税込経理方式で，所得税又は法人税の所得計算を

行います。

(a) 税抜経理方式

　税抜経理方式による場合は，課税売上げに係る消費税等の額は「仮受消費税等」とし，課税仕入れに係る消費税等の額については「仮払消費税等」とします。

(b) 税込経理方式

　税込経理方式による場合は，課税売上げに係る消費税等の額は売上金額，仕入れに係る消費税等の額は仕入金額などに含めて計算します。

　納付税額は「租税公課」等として処理し，還付税額は「雑収入」等で処理します。

　なお，免税事業者の場合には，全て税込経理方式により処理します。

<具体例>

　事業者が課税資産（棚卸資産）を 8,000 万円（税抜）で仕入れて，1 億円（税抜）で売却した場合

(a) 税抜経理方式
　<購入時>
　　（借方）仕入高 8,000 万円　　／（貸方）現預金 8,800 万円
　　（借方）仮払消費税等 800 万円

　<売却時>
　　（借方）現預金 1 億 1,000 万円 ／（貸方）売上高 1 億円
　　　　　　　　　　　　　　　　　　（貸方）仮受消費税等 1,000 万円

(b) 税込経理方式
　<購入時>
　　（借方）仕入高 8,800 万円　　／（貸方）現預金 8,800 万円

　<売却時>
　　（借方）現預金 1 億 1,000 万円 ／（貸方）売上高 1 億 1,000 万円

(ii) 控除対象外消費税等の取扱い

「税抜経理方式」によっている場合，仕入税額控除ができない仮払消費税等を「控除対象外消費税等」といい，消費税の計算では控除されなかった部分を所得税又は法人税の計算で考慮することとしています。

上記の具体例においては，通常納付税額は，200万円と計算されます（1,000万円（仮受消費税等） − 800万円（仮払消費税等）＝ 200万円（納付税額））。

これに対して，仮に，事業者が個別対応方式を採用しており，この仕入れが共通対応仕入れで，課税売上割合が80％だった場合には，納税額は360万円と計算されます（1,000万円 − 640万円（800万円× 80％）＝ 360万円）。この場合には，仮払消費税等として800万円支払っているのに対し，このうち640万円しか仕入税額控除がなされなかったため，160万円が消費税の計算上控除されなかった部分の金額となります。この160万円を，所得税の必要経費又は法人税の損金の額に計上することで控除することができます。

(iii) 控除対象外消費税等の取扱い

(a) 課税売上割合が80%以上の場合

必要経費又は損金の額に算入

(b) 課税売上割合が80%未満の場合

① 経費に係るもの⇒ 必要経費又は損金の額（経理要件あり）に算入

② 棚卸資産に係るもの⇒ 必要経費又は損金の額（経理要件あり）に算入

③ 固定資産に係るもので20万円未満のもの

⇒ 「少額控除対象外消費税」として必要経費又は損金の額（経理要件あり）に算入

④　固定資産に係るもので 20 万円以上のもの

⇒　「繰延消費税額」として必要経費又は損金の額（経理要件あり）

に算入（60 か月償却）

---

60 か月償却
（1 年目）
繰延消費税額 × 業務期間月数　／　60 × 1/2 ＝ 繰延消費税額償却

（2〜5 年目）
繰延消費税額 × 12/60 ＝ 繰延消費税額償却

（6 年目）
繰延消費税額 − 前年まで繰延消費税償却の累計 ＝ 繰延消費税額償却

不動産事業における実務 POINT

1 年目の償却方法に注意！

60 か月償却の 1 年目は単純な月数按分でないことに注意してください。複数の課税仕入れからなる繰延消費税額ですが，その課税仕入れが課税期間のはじめの方，半ば，終わりの方などバラバラであるため，月数按分の代わりの簡便的な方法として 1 年目だけ 2 分の 1 をすることとしています。

（3）原則課税に係る特例規定・調整規定

消費税法では，仕入れに係る消費税額（原則課税）（消法 30）に体系として下記の特例規定・調整規定が設けられています。

・非課税資産の輸出等を行つた場合の仕入れに係る消費税額の控除の
　特例（消法 31）
・仕入れに係る対価の返還等を受けた場合の仕入れに係る消費税額の
　控除の特例（消法 32）

- ・課税売上割合が著しく変動した場合の調整対象固定資産に関する仕入れに係る消費税額の調整（消法 33）
- ・調整対象固定資産を転用した場合の仕入れに係る消費税額の調整（消法 34, 35）
- ・居住用賃貸建物を課税賃貸用に供した場合等の仕入れに係る消費税額の調整（消法 35 の 2）
- ・納税義務の免除を受けないこととなった場合等の棚卸資産に係る消費税額の調整（消法 36）

本書では，上記のうち不動産（建物）を取得した場合に想定される調整規定について解説します。

① 調整対象固定資産の調整

消費税の計算においては，資産を購入した際に負担した消費税は，原則としてその取得した課税期間における仕入控除税額の適用により取扱いが完結します。しかし，固定資産のように長期間にわたり使用するものについて，購入時の状況のみで課税関係が完結してしまうことは実状に即さないこともあります。

そこで，課税売上割合が著しく変動して仕入控除税額に影響を与える場合や，固定資産の用途を変更したような場合には，その固定資産の当初の仕入控除税額につき調整を加える特例があります。

調整対象固定資産の判定

- -

（1）調整対象固定資産の支払対価

100万円の判定で用いる固定資産の取得価額には，引取運賃などの付随費用は含まれません。そのため，不動産仲介業者に支払う仲介手数料などの諸費用は含めずに，不動産の取引価格にて判定を行います（消基通12-2-2）。

（2）調整対象固定資産に係る資本的支出があった場合

調整対象固定資産の対象となる資産に資本的支出があった場合には，その資本的支出は「課税仕入れに係る支払対価の額」に含まれます（消基通12-2-5）。例えば，建物の避難階段の取付け等の物理的に価値を付加した部分に係る費用がこれに含まれます。

なお，「土地の造成費用」などには注意が必要です。土地の造成費用は，それ自体は課税仕入れとなる支払対価ですが，そもそもその費用が調整対象固定資産に「該当しない」土地に係る資本的支出のため，調整対象固定資産には該当しません。

（i） 課税売上割合の著しい変動があった場合

課税売上割合が著しく変動した場合には，当初の仕入控除税額について第三年度の課税期間の仕入税額控除で調整を行います。要件は次のとおりです。

【要件①】

調整対象固定資産の取得（課税仕入れ）に係る消費税額について，以下のいずれかの方法で仕入控除税額を計算している。

- ・個別対応方式で共通対応に区分
- ・一括比例配分方式
- ・全額控除

調整対象固定資産の取得に係る消費税額について，課税売上割合を乗じて仕入控除税額を計算する方法（個別対応方式の共通対応，一括比例配分方式）で仕入控除税額が計算されることが要件とされています。また，調整対象固定資産を取得した課税期間の課税売上割合が95％以上（全額控除）であるものの，翌期以降の課税売上割合が著しく低くなっている場合には，取得した課税期間における仕入控除税額が過大に計上されていることになるため，調整計算の対象となります。

【要件②】

　第三年度の課税期間の末日においてその調整対象固定資産を保有している。長期に利用されるという固定資産の特性を考慮して調整を行うため，売却などにより三期目（第三年度の課税期間）の末日に保有していない場合には，調整計算は必要ありません。「第三年度の課税期間」とは，「仕入れ等の課税期間の開始の日から3年を経過する日の属する課税期間」となります。基本的には，仕入れから三期（3年）後と考えてください。

＜著しい変動に該当すること＞

　課税売上割合が著しく増加した場合とは，変動率が50％以上であり，かつ，変動差が5％以上の場合です。なお，仕入れ時の課税売上割合が0％（課税売上割合がない）場合は，通常課税売上割合が5％以上であれば著しい増加に該当します。

> 変動差：仕入時の課税売上割合と通算課税売上割合の差額
> 変動率：変動差／仕入時の課税売上割合

　通算課税売上割合とは，仕入れ等の課税期間から第三年度の課税期間までの各課税期間（通算課税期間）の課税売上割合を一定の方法により通算した割合をいいます。

$$\frac{\text{通算課税期間中の課税売上高}}{\text{通算課税期間中の課税売上高 + 通算課税期間中の非課税売上高}} = \text{通算課税売上割合}$$

＜調整税額＞

ⓐ 調整対象基準税額
調整対象固定資産の取得（課税仕入れ）に係る消費税額

ⓑ 仕入時の控除税額（実際に控除された税額）
ⓐ×仕入時の課税売上割合
（※）全額控除の場合にはⓐ

ⓒ 通算課税売上割合による税額（本来控除されるべき税額）
ⓐ×通算課税売上割合

ⓓ 調整税額
ⓑとⓒの差額

　通常課税売上割合が仕入時の課税売上割合に比し，著しく増加した場合は調整税額を第三年度の課税期間の仕入控除税額に加算し，著しく減少した場合は調整税額を第三年度の課税期間の仕入控除税額から控除します。

(ii) 調整対象固定資産の転用があった場合

　仕入控除税額は，原則として仕入時の現況にて仕入控除税額が計算されます。

　例えば，固定資産につき，個別対応方式の課税対応仕入れとして仕入れ時に全額控除をした後に短期間で非課税対応仕入れの用途に変更した場合には，仕入れた課税期間の仕入控除税額が過大である状況となります。

　また，その逆で，取得時は個別対応方式の非課税対応仕入れとして全く仕入税額控除されなかった固定資産を短期間で課税対応仕入れの用途に変

更した場合には，仕入控除税額を調整する措置が必要になります。

　そのため，調整対象固定資産を取得の日から3年以内に用途変更（転用）した場合には，取得日から転用日までの期間に応じて一定額を加減算する特例が設けられています。

ⓐ　課税業務用から非課税業務用に転用した場合

＜要件＞

> ⓐ　調整対象固定資産に係る課税仕入れ等の税額につき，個別対応方式により課税対応仕入れとして計算したこと
> ⓑ　調整対象固定資産を，その仕入れ等の日から3年以内に非課税業務の用に供したこと

＜調整税額＞

> 転用した場合の調整計算
> 　1年以内の転用 ⇒ 調整対象税額の全額
> 　2年以内の転用 ⇒ 調整対象税額の3分の2
> 　3年以内の転用 ⇒ 調整対象税額の3分の1
> 　調整対象税額：調整対象固定資産の課税仕入れに係る消費税額

　これらの調整税額を転用の日の属する課税期間の仕入税額から減算します。

ⓑ　非課税業務用から課税業務用に転用した場合

＜要件＞

> ⓐ　調整対象固定資産に係る課税仕入れ等の税額につき，個別対応方式により非課税対応仕入れとしていた（仕入控除税額から除外していた）こと
> ⓑ　調整対象固定資産を，その仕入れ等の日から3年以内に課税業務の用に供したこと

＜調整税額＞

> ⓐの場合と同様

これらの調整税額を転用の日の属する課税期間の仕入税額に加算します。

　転用の調整計算は，共通対応仕入れとなる区分に転用した場合や，当初共通対応仕入れとして用途区分をした固定資産について課税対応仕入れや非課税対応仕入れに係る業務の用に転用したような場合には，適用されません（消基通 12−4−1・12−5−1）。

　また，調整対象固定資産を取得した課税期間の課税売上割合が 95％ 以上の場合や一括比例配分方式を適用して計算していた場合にも適用がありません。調整対象固定資産を取得した課税期間の仕入控除税額の計算方式に応じ，想定される特例規定は下記のようになります。

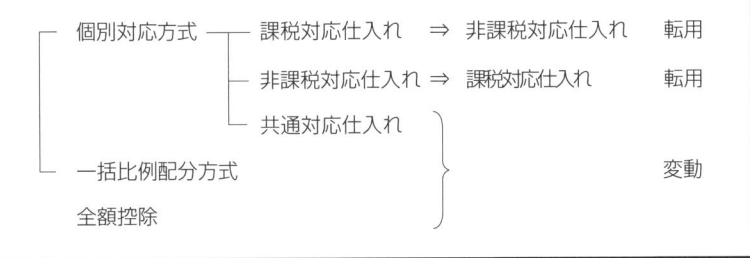

	個別対応方式 ─	課税対応仕入れ　⇒　非課税対応仕入れ	転用
		非課税対応仕入れ ⇒ 課税対応仕入れ	転用
		共通対応仕入れ	
	一括比例配分方式		変動
	全額控除		

③　居住用賃貸建物

(i)　居住用賃貸建物に係る仕入税額控除の制限

　建物の取得（仕入れ）は，課税仕入れに該当し，仕入税額控除の対象となります。

　ただし，消費税法に規定する「居住用賃貸建物」に係る課税仕入れ等については，仕入税額控除の対象となりません（消法 30 ⑩）。課税売上割合が 95％ 以上の場合（全額控除），個別対応方式又は一括比例配分方式のいずれの計算方法であっても仕入控除税額の対象とならない点に注意が必要です。

なお，居住用賃貸建物を取得してからおおむね 3 年以内に当該建物を譲渡した場合や課税賃貸用に転用した場合は，居住用賃貸建物に係る消費税について譲渡日や転用日の属する課税期間の仕入控除税額を調整する特例があります。

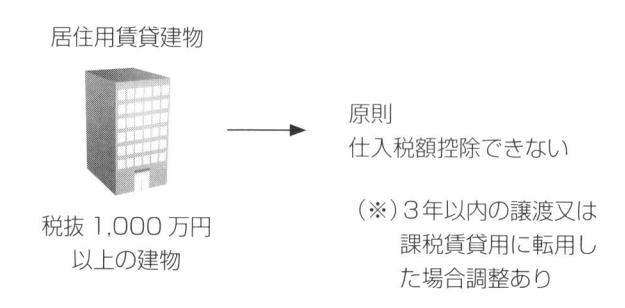

居住用賃貸建物

税抜 1,000 万円
以上の建物

原則
仕入税額控除できない

（※）3 年以内の譲渡又は
　　課税賃貸用に転用し
　　た場合調整あり

(ii)　居住用賃貸建物とは

　「居住用賃貸建物」とは，住宅の貸付けの用に供しないことが明らかな建物（附属設備を含みます）以外の建物で，高額特定資産又は調整対象自己建設高額特定資産に該当するものをいいます（消法 30 ⑩）。高額特定資産とは，棚卸資産又は調整対象固定資産で，一の取引単位につき，税抜きの取得価額が 1,000 万円以上の資産をいいます（消法 12 の 4 ）。

　建物の構造や設備の状況などにより，住宅の貸付けの用に供しないことが客観的に明らかな建物でなければ仕入税額控除の対象とはなりません（消基通 11- 7 - 1 ）。なお，居住用賃貸建物に対する 1,000 万円以上の資本的支出については，その金額も「居住用賃貸建物に係る課税仕入れ等の税額」に含まれます。

不動産の仕入れをする事業者

　棚卸資産として取得した建物であって，所有している間，住宅の貸付けの用に供しないことが明らかなものでなければ，仕入税額控除の対象とならない（消基通 11-7-1）ため，いわゆるオーナーチェンジの物件に該当するかどうか入居者の有無を必ず確認しましょう。

　販売目的で購入していたとしても入居者がいる状態での購入は，居住用賃貸建物に該当します。

居住用賃貸建物の概念

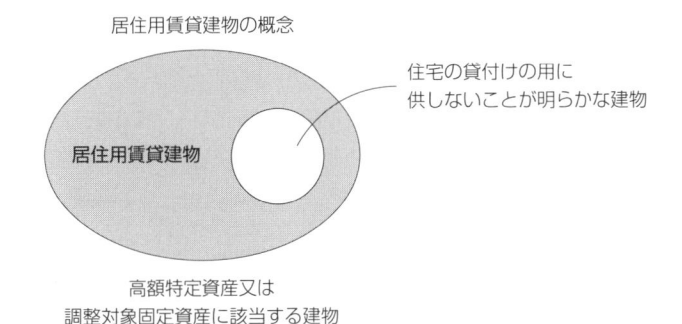

住宅の貸付けの用に
供しないことが明らかな建物

居住用賃貸建物

高額特定資産又は
調整対象固定資産に該当する建物

　図にもあるように，建物の中で「住宅の貸付けに要しないことが明らかな建物」以外が居住用賃貸建物に該当します。なお，居住用賃貸建物の判定の時期は，課税仕入れを行った日の状況により判定をすることになりますが，同日において住宅の貸付けの用に供しないことが明らかでない建物（高額特定資産及び調整対象自己建設高額資産に限ります）については，課税仕入れを行った日の属する課税期間の末日において，住宅の貸付けの用に供しないことが明らかにされたときは，居住用賃貸建物に該当しないものとして差し支えないとされています（消基通 11-7-2）。

用途	構造・目的	判定
販売用 （棚卸資産）	居住用として賃貸している建物	○
	事業用として賃貸している建物	×
賃貸用	全てが居住用の賃貸物件	○
	1階が事業用で2階が居住用の賃貸物件の2階部分	○
	1階が事業用で2階が居住用の賃貸物件の1階部分	○（※）
	用途未定の賃貸物件	○

（※）居住用賃貸建物に該当するかは，建物全体から判断し，その建物に居住賃貸が可能な部分がある場合には，居住用賃貸建物に該当します。

　　ただし，建物の一部が店舗用の構造等となっている居住用賃貸建物については，使用面積割合や使用面積に対する建設原価の割合など，その建物の実態に応じた合理的な基準により居住用賃貸部分とそれ以外を区分することで，仕入控除税額の制限を居住用賃貸部分に係る課税仕入れの税額のみに限定することができます（消令50の2①・消基通11-7-3）。

(iii)　自己建設高額特定資産の取扱い

　建物を購入するだけでなく，自身で建設した場合にも居住用賃貸建物に該当することがあります。

　原材料費や諸経費に該当する課税仕入高の累計額が税抜1,000万円以上となった課税期間において，その資産は「自己建設高額特定資産」に該当します。

　この自己建設高額特定資産が居住用賃貸建物に該当する場合には，その仕入日の属する課税期間（課税仕入高の累計額が1,000万円以上となった課税期間）以後の課税期間中に発生した課税仕入れについてのみ，仕入税額控除が制限されます（消令50の2②）。

　課税仕入高の累計額が1,000万円以上となる課税期間より前に発生した課税仕入れ等の税額については，仕入税額控除の制限はありません（消基

通11-7-4）。

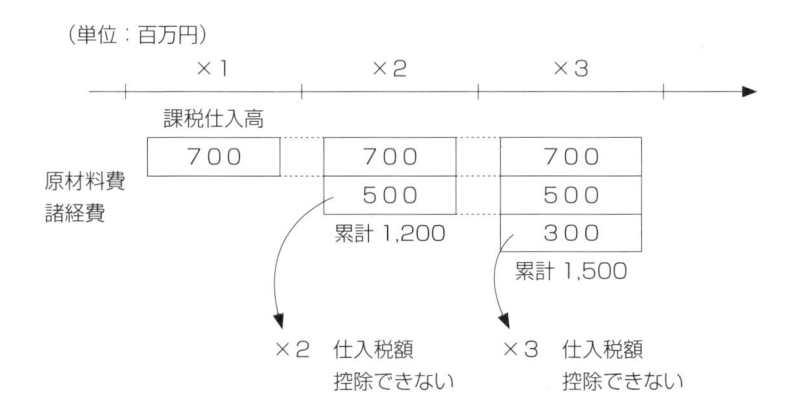

（単位：百万円）

(iv) 居住用賃貸建物に係る仕入税額の調整

居住用賃貸建物の取得から3年以内（仕入日から第三年度の課税期間の末日まで）（調整期間）に，居住用賃貸建物の全部又は一部を売却した場合又は課税賃貸用に供した場合には，調整期間中の賃貸料収入と売却価額等を基に一定の方法により計算した金額を，第三年度の課税期間又は譲渡日の属する課税期間の仕入控除税額に加算調整します（消法35の2）。

(a) 課税賃貸用に供した場合

＜要件＞

> 居住用賃貸建物の仕入れ等の日から第三年度の課税期間(※)の末日（調整期間）までに居住用賃貸建物の全部又は一部を課税賃貸用に供した場合
>
> （※）第三年度の課税期間とは，居住用賃貸建物の仕入れ等の日の属する課税期間の初日から3年を経過する日の属する課税期間をいいます（消法35の2③）。

<調整税額>

> 居住用賃貸建物に課された消費税額×課税賃貸割合(※)＝調整税額
>
> (※)課税賃貸割合
>
> $$= \frac{調整期間中の事務所等の家賃収入（課税売上高）の合計額}{調整期間中の家賃収入（課税売上高 ＋ 非課税売上高）の合計額}$$
>
> 課税賃貸割合は，調整期間中に発生した家賃収入の値引き等控除後の金額で計算します。

(b) 譲渡した場合

<要件>

> 居住用賃貸建物の課税仕入れの日から第三年度の課税期間の末日（調整期間）までに居住用賃貸建物の全部又は一部を譲渡した場合

<調整税額>

> 居住用賃貸建物に課された消費税額×課税譲渡等割合(※)＝調整税額
>
> (※)課税譲渡等割合
>
> $$= \frac{調整譲渡等調整期間中の事務所等の家賃収入（課税売上高）の合計額 ＋ 居住用賃貸建物の売却収入}{課税譲渡等調整期間中の家賃収入（課税売上高 ＋ 非課税売上高）の合計額 ＋ 居住用賃貸建物の売却収入}$$
>
> 課税譲渡等割合は，課税譲渡等調整期間（居住用賃貸建物の仕入れ等の日からその居住用賃貸建物を他の者に譲渡した日までの期間）中に発生した家賃収入及び居住用賃貸建物の売却収入に係る値引き等控除後の金額で計算します。

(v) 具体例

不動産に係る消費税を確認する上で，居住用賃貸建物は非常に重要な論点のため，改めて具体例を交えて確認したいと思います。

＜具体例＞

税抜経理方式を採用している3月決算法人であるA社（原則課税を採用する課税事業者）は，消費税の課税期間である令和7年3月期（課税売上割合は80％未満）中の令和6年10月1日に，3,300万円（税込・消費税額は300万円）で建物を取得しました（土地の取得については考慮しないものとします）。

この建物は，一部が事務所用（使用面積が全体の75％相当），残りが居住用（使用面積が全体の25％相当）の構造となっており，3月31日までに全戸の賃貸借契約を締結しました。

なお，この不動産の売買契約は，令和2年3月31日以前に締結した契約に基づくものではないものとします。

(a) 居住用賃貸建物の判定

居住用賃貸建物は，住宅の貸付けの用に供しないことが明らかな建物以外の建物で，支払対価の額（税抜）が1,000万円以上である高額特定資産等に該当するものをいいます。住宅の貸付けの用に供しないことが明らかな部分がある建物であっても，建物の全体（3,000万円）の額と1,000万円を比較し居住用賃貸建物に該当するかを判定します。

ただし，建物のうち，その一部を事務所（住宅の貸付けの用に供しないことが明らかな部分）として賃貸しているのであれば，その部分については仕入税額控除の制限は適用されません。

住宅の貸付けの用に供しないことが明らかな部分は，建物の使用面積の割合などにより，居住用賃貸部分とそれ以外の部分に合理的に区分することになりますが，合理的な区分を行った結果，居住用部分の税抜価格が1,000万円未満になったとしても，居住用賃貸建物に該当しないことには

ならず，居住用賃貸部分については仕入税額控除の制限を受けることになるので注意してください。

<判定>
3,000万円 ≧ 1,000万円　　∴　居住用賃貸建物に該当

居住用賃貸建物にかかる課税仕入等の税額
300万円 × 25%（床面積による合理的な按分割合）
= 75万円（仕入税額控除が制限される金額）

(b) 控除対象外消費税の取扱い

　税抜経理方式を採用するA社が，消費税の申告に当たり原則課税により仕入税額控除の計算を行う場合において，この規定による控除することができない仮払消費税等の額（75万円）は，「控除対象外消費税額等」に該当することになります。

　A社が取得した居住用賃貸建物に係る仮払消費税等の額は，資産に係るこの控除対象外消費税額等として，法人税法の計算において，資産に係る控除対象外消費税額等の損金算入の規定を受け，損金経理した金額のうち一定の金額を損金の額に算入することができます。

　また，仮に，この建物を3年以内に全て事務所賃貸用とした場合には，第三年度の課税期間の仕入控除税額において調整計算が行われます。

　仮に，調整計算（一定額を控除対象仕入税額に加算）が行われ，調整計算を行った課税期間の控除対象仕入税額が増加することで，仮受消費税等の金額から仮払消費税等の金額を控除した金額と納付すべき消費税等の額に差額が生じた場合には，この差額は，調整計算を行った課税期間（令和9年3月期）における法人税の計算において益金の額に算入されることになります。

　なお，居住用賃貸建物の仕入控除税額の調整計算が行われた場合であっ

ても，この計算は，資産を取得した課税期間（事業年度）の仕入控除税額を修正するものではなく，また，法人税法上，これに対応して経過した事業年度における処理を修正する規定もないため，資産を取得した課税期間（事業年度）に生じた控除対象外消費税額等を遡及して修正する必要はありません（国税庁質疑応答事例「居住用賃貸建物に係る控除対象消費税額等について」参照）。

　国税庁の質疑応答事例「社宅に係る仕入税額控除」に居住用賃貸建物に係る取扱いが記載されているので参考にしてください。

【社宅に係る仕入税額控除（一部抜粋)】

> **＜照会要旨＞**
> 　社宅や従業員寮の使用料は住宅家賃として非課税になるとのことですが，社宅や従業員寮の取得費，借上料や維持等に要する費用に係る仕入税額控除の取扱いはどのようになりますか。
>
> **＜回答要旨＞**
> 　住宅家賃については非課税とされていますが，社宅や従業員寮も住宅に該当します。（略）
> 　これらの社宅や従業員寮の取得費，借上料又は維持等に要する費用に係る仕入税額控除の取扱いは次のようになります。
>
> 1　自己において取得した社宅や従業員寮の取得費
> 　使用料を徴収する社宅や従業員寮は，居住用賃貸建物に該当しますので，事業者が，国内において行う社宅や従業員寮の取得に係る課税仕入れ等の税額については，仕入税額控除の対象となりません。
> 　なお，従業員から使用料を徴収せず，無償で貸し付けることがその取得の時点で客観的に明らかな社宅や従業員寮は居住用賃貸建物に該当しないことから，その取得費は仕入税額控除の対象となります。
> 　この場合の個別対応方式による課税仕入れ等の区分は，原則として課税資産の譲渡等とその他の資産の譲渡等に共通して要するもの（共通対応仕入れ）に該当します。

2　（略）

3　社宅や従業員寮の維持費

　自己において取得したものか他の者から借りているものかを問わず，その修繕費用，備品購入費用等は仕入税額控除の対象となります。

　この場合の個別対応方式による課税仕入れ等の区分は，その社宅や従業員寮について従業員から使用料を徴収する場合は，その他の資産の譲渡等にのみ要するものに，従業員から使用料を徴収せず，無償で貸し付けている場合は，原則として課税資産の譲渡等とその他の資産の譲渡等に共通して要するものにそれぞれ該当します。

　なお，その費用が居住用賃貸建物に係る課税仕入れ等に該当する資本的支出となるもの並びに管理人の給与，固定資産税など不課税となるもの及び非課税取引に該当するものは，仕入税額控除の対象になりません。

（出典：国税庁「質疑応答事例」）

④　棚卸資産の調整

　不動産に関係する業種は，取引価格も大きくなる傾向が多いため，課税売上高が 1,000 万円を超えることも稀ではありません。

　例えば，新設の法人として設立から二期に渡り消費税の免税事業者であった場合でも，三期目から課税事業者となるケースも少なくありません。

　仕入税額控除は，課税仕入れを行った日の属する課税期間に行われるため，免税事業者の期間に仕入れた棚卸資産を課税事業者となってから売却したような場合には，売上げにだけ消費税が課税され，対応する仕入れにつき仕入税額控除ができません。また，課税事業者であった課税期間に仕入れた棚卸資産を免税事業者となってから売却した場合には，仕入税額控除の適用を受けた商品仕入れであるにもかかわらず，売却時に課税がされないこととなります。

　このような取扱いを避けるため，免税事業者から課税事業者となった場合には，免税事業者であった期間に仕入れた棚卸資産について一定の方法

により計算した消費税額を課税事業者となった課税期間の仕入税額控除額に加算する調整がなされ（消法36①），課税事業者が翌期に免税事業者となる場合には，当期に仕入れた棚卸資産で期末に在庫となるものについて一定の方法により計算した消費税額を当期の仕入税額控除で減算する調整を行います（消法36⑤）。

(ⅰ) 免税事業者が課税事業者となった場合

＜要件＞

> 免税事業者が課税事業者となった場合に，課税事業者となった課税期間の初日の前日において免税事業者であった期間中に行った課税仕入れに係る棚卸資産を有していること

＜調整税額＞

$$\text{前課税期間の末日の棚卸資産の課税仕入れの金額} \times \frac{7.8}{110} = \text{調整税額}$$

調整税額を仕入控除税額の計算の基礎となる課税仕入れ等の税額とみなします（仕入税額控除税額に加算します）。

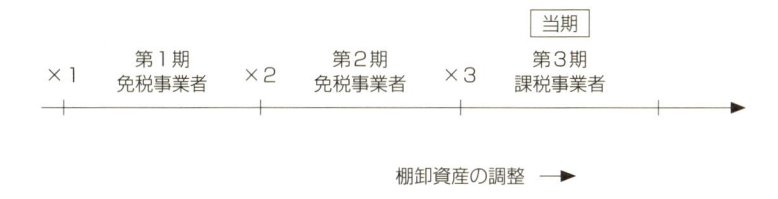

不動産事業における実務 POINT

棚卸資産の調整による３年縛り

高額特定資産に該当する棚卸資産について，免税事業者が課税事業者となった場合の消費税額の調整の規定の適用を受ける場合には，下記の３年縛りの規定が適用されることとなりますので注意してください。

　a　棚卸資産の調整の適用を受けた課税期間から３年間は免税事業者となりません。

> b 棚卸資産の調整の適用を受けた課税期間から3年間は簡易課税制度選
>   択届出書の提出が制限されます。

(ii) 課税事業者が免税事業者となった場合

＜要件＞

> 　課税事業者が免税事業者となる場合に，免税事業者となる課税期間の初日
> の前日においてその前日の属する課税期間中に行った課税仕入れに係る棚卸
> 資産を有していること

＜調整税額＞

$$前課税期間の末日の棚卸資産の課税仕入れの金額 \times \frac{7.8}{110} = 調整税額$$

　調整税額を仕入控除税額の計算の基礎となる課税仕入れ等の税額に含め
ません（仕入税額控除額から減算します）。

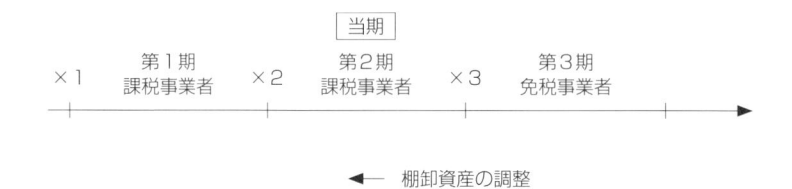

2　簡易課税

（1）適用要件

> ① 　簡易課税の適用を受けようとする課税期間の基準期間における課税売上
>   高が 5,000 万円以下であること
> ② 　「簡易課税制度選択届出書」を期限(※)内に納税地の所轄税務署長に提出
>   すること

> （※）原則：簡易課税の適用を受けようとする課税期間開始の日の前日まで
> 　　特例：事業を開始した課税期間等から簡易課税の適用を受けようとする
> 　　　　　場合には，事業を開始した課税期間の末日まで

　一度簡易課税制度の選択をした場合でも，一定の要件の下，「簡易課税制度選択不適用届出書」を提出することで簡易課税制度の選択をやめることができます。ただし，簡易課税制度選択不適用届出書は，簡易課税制度選択届出書の効力発生日から2年を経過する日の属する課税期間の初日以後でなければ提出できないこととされています（簡易課税の2年継続適用）。

（2）計算方法

　簡易課税による仕入税額控除の計算は，課税仕入額を使用せず，課税売上高に一定の仕入率を乗じることにより計算します。

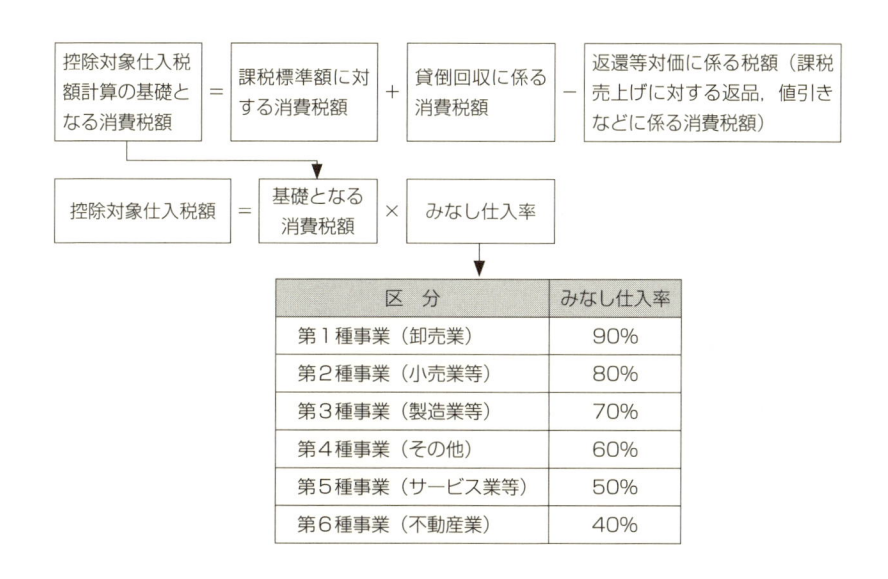

区　分	みなし仕入率
第1種事業（卸売業）	90%
第2種事業（小売業等）	80%
第3種事業（製造業等）	70%
第4種事業（その他）	60%
第5種事業（サービス業等）	50%
第6種事業（不動産業）	40%

（3）事業区分

課税売上を区分し，定められたみなし仕入率を用いて税額を計算することになりますが，その事業区分は原則として，その事業者が行う課税資産の譲渡等ごとに行うことになります（消基通13-2-1）。

なお，第1種事業から第6種事業までの定義は次のとおりです。

① 第1種事業（卸売業）

「卸売業」をいいます（消令57⑤一）。

卸売業とは，他の者から購入した商品をその性質及び形状を変更しないで他の事業者に対して販売する事業を指します（消令57⑥）。

② 第2種事業（小売業等）

次のイ～ニに掲げる事業をいいます（消令57⑤二）。

イ　小売業

小売業とは，他の者から購入した商品をその性質及び形状を変更しないで販売する事業で卸売業以外のものを指します（消令57⑥）。

ロ　農業　（飲食料品の譲渡に係る事業）

ハ　林業　（飲食料品の譲渡に係る事業）

ニ　漁業　（飲食料品の譲渡に係る事業）

③ 第3種事業（製造業等）

第1種事業及び第2種事業以外の事業のうち，次に掲げる事業をいいます。

これらはおおむね日本標準産業分類（総務省）の大分類に掲げる分類を基礎として判定することとされています（消令57⑤三，消基通13-2-4）。

農業(※)，林業(※)，漁業(※)，鉱業，建設業，製造業（製造小売業を含みま

す）, 電気業, ガス業, 熱供給業, 水道業

(※)飲食料品の譲渡に係る事業を除きます。

④ 第4種事業（飲食店等）

第1種事業, 第2種事業, 第3種事業, 第5種事業及び第6種事業以外の事業をいいます。

⑤ 第5種事業（サービス業等）

第1種事業～第3種事業に該当しない, 運輸通信業, 金融・保険業, サービス業（飲食店業に該当する事業を除きます）をいいます。

⑥ 第6種事業（不動産業）

不動産業（賃貸・仲介・管理）をいいます。

> **不動産事業における実務 POINT**
>
> **不動産に係るもの全てが第6種事業になるわけでなない！**
>
> 　不動産業に関するものが第6種事業とされていますが, 不動産会社の全ての売上げが全て第6種事業に分類されるわけではありません。一般的に, 店舗や事務所家賃など不動産の賃貸収入や不動産の管理手数料, 賃貸や売買の仲介手数料などが第6種事業となります。
>
> 　自社所有の固定資産を売却した場合には, 第4種事業となります。

【不動産業の主な区分】

事業内容	事業区分
購入した建物の他の事業者への販売	第1種事業
購入した建物の消費者への販売	第2種事業
自ら建設した建物の販売	第3種事業
自社所有の固定資産に該当する建物の販売	第4種事業
店舗や事務所の賃料収入	第6種事業
駐車場の賃料収入	第6種事業
不動産の売買や賃貸の仲介手数料収入	第6種事業
不動産の管理手数料収入	第6種事業

（4）不動産業と簡易課税制度

　不動産の売買をメインで行う不動産業者については，一取引当たりの取引金額も大きい傾向にあり，基準期間の課税売上高が5,000万円を超える場合には，簡易課税制度を選択する余地はありませんが，店舗や事務所などの不動産賃貸を行う事業者の場合には，直接的な原価が少なく，また，主たる経費が給与手当，固定資産税，減価償却費，借入金の利子など課税仕入れとならないものがほとんどであるため，要件を充たすようであれば簡易課税制度を選択した方が有利になるのが一般的です。

（5）簡易課税制度選択届出書の提出に係る3年縛り（消法37 ③④）

　一定の条件の下，高額特定資産や調整対象固定資産を取得した場合に原則課税を3年間継続適用させるため，簡易課税選択届出書の提出を制限することとしています。

　殊に，不動産を取得した場合には，適用される可能性が高いため注意が必要です。

調整対象固定資産を取得した場合

　下記の①〜③の期間に調整対象固定資産の仕入れを行った場合には，その取得をした日の属する課税期間の初日から３年を経過する日の属する課税期間の初日の前日までの間，「簡易課税制度選択届出書」を提出することができません。

　なお，「簡易課税制度選択届出書」を提出した後に，調整対象固定資産を取得した場合には，その届出書の提出はなかったものとみなされます。

① 　課税事業者選択届出書の効力発生日から同日以後２年を経過する日までに開始した各課税期間中
② 　新設法人（資本金 1,000 万円以上による課税事業者）の基準期間がない事業年度に含まれる各課税期間中
③ 　特定新規設立法人の基準期間がない事業年度に含まれる各課税期間中
　　ただし，簡易課税の適用を受ける課税期間中に調整対象固定資産を取得した場合は，簡易課税選択届出書の提出制限はありません。

高額特定資産を取得した場合

　下記の①及び②の場合には，その資産の取得をした日の属する課税期間の初日からその取得の日(※)以後３年を経過する日の属する課税期間の初日の前日までの間，「簡易課税制度選択届出書」を提出することができません。

　なお，「簡易課税制度選択届出書」を提出した後に，高額特定資産を取得した場合には，その届出書の提出はなかったものとみなされます。

① 　原則課税の適用期間中に高額特定資産を取得した場合
② 　高額特定資産である棚卸資産又は調整対象自己建設高額特定資産について棚卸資産の調整の適用を受けた場合
(※)自己建設高額特定資産又は調整対象自己建設高額特定資産の場合には，建設等が完了した日

【参考 経費関係の取扱いのまとめ】

下記に勘定科目別の経費の取扱いをまとめました。

全てを網羅しているわけではありませんが，よく出てくる項目を掲載していますので，処理をする際の参考にしてください。

勘定科目	課税仕入れに該当するもの	課税仕入れに該当しないもの
役員報酬・給料手当・賞与		役員報酬・給料手当・賞与など
法定福利費		社会保険料
福利厚生費	健康診断費用など	従業員への祝金，香典など
採用教育費	従業員募集の広告，従業員研修費など	
荷造運賃	国内の運賃など	荷物の保険料など
広告宣伝費	入居者募集の広告料など	贈答用の商品券など
交際費・会議費	飲食代，ゴルフのプレー代など	ゴルフ場利用税，贈答用の商品券，得意先の香典など
旅費交通費	国内旅費，日当（国内出張分）など	国外旅費，日当（国外出張分）など
通信費	国内電話料金，国内郵便料金など	国際電話料金など
消耗品費，事務用品費	消耗品，事務用品など	
修繕費	外注修繕費など	
水道光熱費	共用部の水道代，電気代など	
諸会費	研修費など	対価性のない通常会費など
支払手数料	不動産売却仲介手数料など	行政手数料など
地代家賃	事務所家賃，駐車場地代など	社宅借上料など
租税公課		固定資産税，登録免許税など
支払報酬料	税理士報酬，司法書士報酬など	
寄附金		金銭による寄附など
減価償却費		減価償却費
管理諸費	不動産業者への管理委託手数料など	マンション組合への管理費，修繕積立金など
支払利息		融資利息

5 申告

1 確定申告

（1）内容

　課税事業者は，課税期間ごとに，その課税期間の末日の翌日から2か月以内(※)に納税地を所轄する税務署長に消費税の確定申告書を提出しなければなりません。ただし，その課税期間に課税売上取引を行っておらず，かつ，確定申告書の差引税額欄に記載する金額がない場合は，この限りではありません。

　(※)個人事業者の12月31日の属する課税期間については，その年の翌年3月31日まで。

（2）申告期限の延長

　「法人税の申告期限の延長の特例」の適用を受ける法人が，納税地を所轄する税務署長に「申告期限延長届出書」を提出した場合には，その提出をした日の属する事業年度以後の各事業年度終了の日の属する課税期間に係る消費税の確定申告の期限は，1か月延長されます(※)。

　(※)申告期限が延長された期間の消費税の納付については，その延長された期間に係る利子税を合わせて納付する必要があります。

2　中間申告

　所得税の予定納税制度や法人税の中間申告制度のように，消費税にも前
期（年）の実績などをベースに期の中途に一定額を中間申告・納付する制
度があります。

　消費税の中間申告は，前期（年）の年税額により申告・納付回数や納税
額が変わりますので，資金繰りの関係からも制度については理解しておく
方が望ましいです。

（1）概要

　中間申告には，前課税期間の実績に基づく申告と仮決算による申告があ
ります。

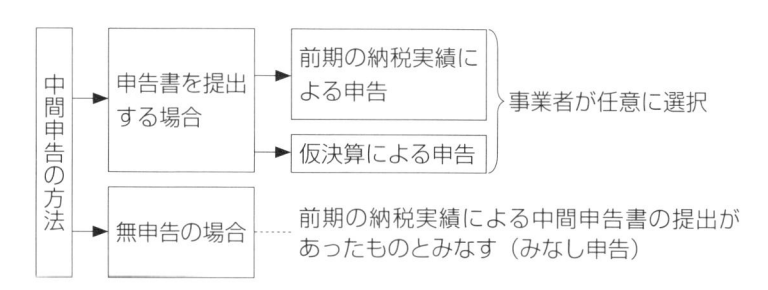

（2）前期納税実績

　前課税期間の差引税額（年税額）がどれくらいあるかによって，申告回数と納付税額が決まります。また，前課税期間の年税額（国税）が48万円以下の場合には，中間申告は不要とされていますが，任意で中間申告することもできます。

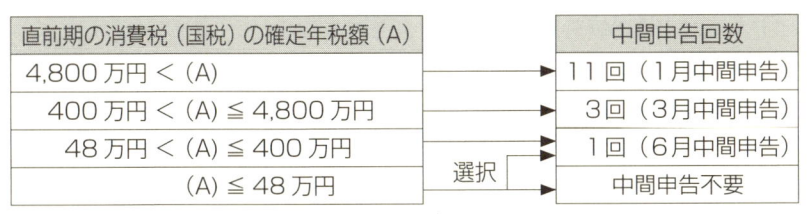

直前期の消費税（国税）の確定年税額（A）	中間申告回数
4,800万円＜（A）	11回（1月中間申告）
400万円＜（A）≦4,800万円	3回（3月中間申告）
48万円＜（A）≦400万円	1回（6月中間申告）
（A）≦48万円	中間申告不要

（注）前課税期間の実績による申告だけでなく，仮決算による申告もできる。

（3）仮決算による中間申告

　前期に比べ当期の実績が著しく落ち込んでいるような場合には，事業者にとって中間申告による納税は大きな負担です。そこで，このような場合には，前期実績による申告に代えて，仮決算による中間申告も認められています（消法43）。

　このような場合であれば，仮決算による中間申告を選択することで，中間申告の納税額を少なくすることができます。

不動産事業における実務POINT

不動産賃貸業の場合

　不動産賃貸業は不動産の取得や売却がなければ，ほぼ毎年一定の収入や支出で推移することが多いです。しかし，不動産の売却などがあった場合には一時的に消費税の納税額が大きくなることもあります。売却期の確定申告に多額の税負担に加え，前期実績による中間申告では，翌期の中間納付税額の負担も高額となることから仮決算による中間申告を行うこともあります。

　資金繰りを確認しながら，どちらの方法で中間申告を行うかを判断しましょう。

6 納税地

申告書の提出先である納税地は，原則として，下記のとおりです。

また，納税地の特例に関する書類を提出することで，特例的に下記以外の一定の場所を納税地とすることもできます。

1 個人の納税地

国内に住所を有する場合	住所地
国内に住所を有せず，居所を有する場合	居所地
国内に住所及び居所を有せず，国内に事務所等を有する者である場合	事務所等の所在地（2以上ある場合には，主たる事務所の所在地）
上記以外の場合	一定の場所

2 法人の納税地

内国法人の場合	本店又は主たる事務所の所在地
内国法人以外の法人（外国法人）で国内に事務所等を有する法人の場合	事務所等の所在地（2以上ある場合には，主たる事務所の所在地）
上記以外の場合	一定の場所

7 インボイス制度

2023 年（令和 5 年）10 月 1 日から消費税の適格請求書等保存方式（いわゆるインボイス制度）が開始されました。これにより多くの業界や業種で影響が出たのではないかと思います。

不動産関係の業種も例外ではありません。そのため，ここでは，不動産関係におけるインボイス制度の影響について確認していきます。

1 基本的な考え方

例えば，店舗の賃貸をしている不動産オーナーがインボイス発行事業者でなかった場合，借主の側では，店舗の家賃については消費税の仕入税額控除の対象とならず，消費税の納税額が増えることになり，賃料の値下げ交渉や退去されてしまう可能性があります。

そこで，免税事業者であったとしても，借主との取引を考えるとインボイス発行事業者になることを検討しなければなりません。インボイス発行事業者の登録は，事業者の任意選択で行います。課税事業者であっても，事業内容や取引先の状況によっては，インボイス発行事業者の登録をする必要がない場合も考えられます。

> **住宅の貸付けや土地の貸付けを行う事業者の場合**
> これらの貸付けは，消費税が非課税売上とされていますのでインボイス発行事業者の登録をしなくても大きな影響は受けないでしょう。
>
> **事務所や駐車場などの貸付けを行う事業者の場合や宅建業者の場合**
> 事業者がもともと課税事業者である場合には，インボイス発行事業者の登

録により自身の消費税の負担が増えることはありません。そのため，取引先との関係も考慮して，基本的には，インボイス発行事業者の登録をするのが良いと考えられます。

インボイス発行事業者の登録を検討することになるのは，事務所や駐車場などの貸付けを行っているが，課税売上高が 1,000 万円以下と見込まれる事業者です。インボイス事業者の登録による納税等の負担と借主からの値下げ交渉による影響を踏まえた上で登録の判断を行います。

インボイス事業者の登録をすることで課税事業者になるので，もし将来，テナントビルなどの売却を検討している場合には，売却による税負担も大きくなるため，慎重に登録を検討する必要があります。

【インボイス発行事業者になる必要があるかのフローチャート】

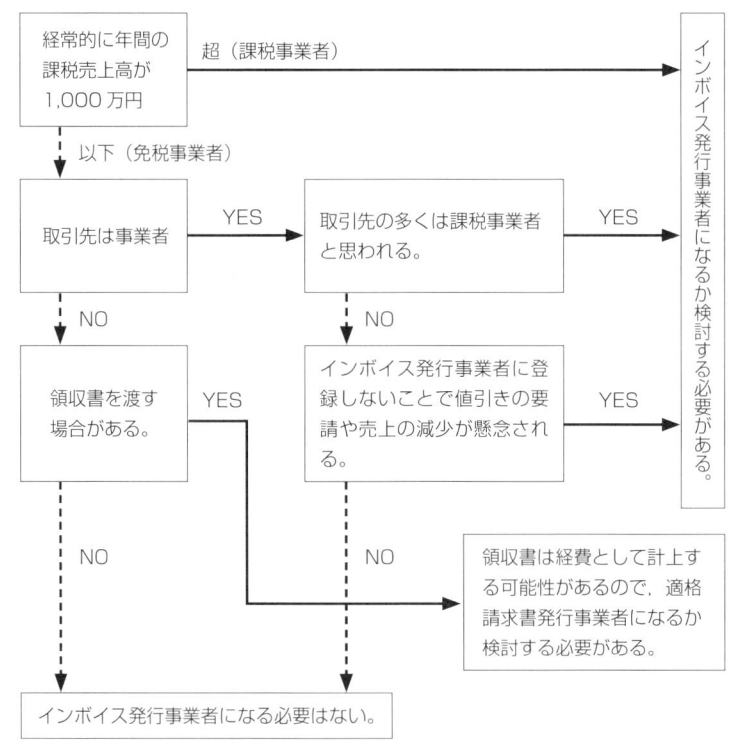

（※）このフローチャートは簡易ツールです。より正しく判定するには，自社の業績や取引先の状況を踏まえて検討する必要があります。

2 適格請求書の記載事項

　店舗や事務所の借主に対し適格請求書（インボイス）の発行を行う場合，請求書の記載内容は次のとおりです。

---

(1)　適格請求書発行事業者の氏名又は名称及び登録番号

(2)　課税資産の譲渡等を行った年月日

(3)　課税資産の譲渡等に係る資産又は役務の内容（課税資産の譲渡等が軽減対象課税資産の譲渡等である場合には，資産の内容及び軽減対象課税資産の譲渡等である旨）

(4)　課税資産の譲渡等の税抜価額又は税込価額を税率ごとに区分して合計した金額及び適用税率

(5)　税率ごとに区分した消費税額等

(6)　書類の交付を受ける事業者の氏名又は名称

　不動産取引であれば軽減税率（8％）が適用されることはないので，標準税率（10％）を明示した請求書を作成することになります。なお，不動産の家賃など，契約書に基づいて代金決済が行われる取引は，取引の都度，請求書や領収書が交付されないことが一般的です。このような取引であっても，仕入税額控除の適用を受けるためには，原則として，インボイスの保存が必要とされています。ただし，インボイスは，一定期間の取引をまとめて交付することもできます。

　また，適格請求書として必要な記載事項は，一の書類だけで全てが記載されている必要はないとされており，相互の関連が明確な複数の書類で記載事項を満たせば，それらの書類全体でインボイスの記載事項を満たすことになるとされています。そのため，例えば，下記を合わせて保存することにより，仕入税額控除の要件を満たすことになります。

---

(1)　インボイスの記載事項の一部が記載された賃貸借契約書

(2)　家賃が引き落とされた通帳や家賃の口座振込に係る銀行が発行した振込金受取書

---

3 登録を取りやめる場合

（1）登録の取りやめ

　インボイス発行事業者の登録をやめる場合には，税務署に登録の取消しを求める旨の届出書を提出する必要があります。

　インボイス発行事業者の登録は，「登録日」からですが，登録の取りやめは，課税期間単位で考えることになります。登録の効力は，登録の取消しを求める旨の届出書の提出日の属する課税期間の翌課税期間の初日に失われます。ただし，登録の取消しを求める旨の届出書には提出期限があり，翌課税期間の初日から起算して15日前の日（もし，個人事業者が翌年から登録を取り消したい場合には，12月17日）とされています。

　ここで注意すべき点は，インボイス発行事業者を取りやめても，課税事業者が継続する可能性があるということです。

　具体的には，免税事業者が，インボイス発行事業者の登録を受けた場合には，登録を取りやめたときであっても，登録を受けた日から2年を経過する日の属する課税期間までの間は，免税事業者となることができません（基準期間における課税売上高が1,000万円未満であっても免税事業者となりません）。

　ただし，2023年（令和5年）10月1日の属する課税期間中に登録を受けていた事業者が登録の取消しを行った場合には，課税事業者の継続適用は強制はされません。

（2）登録の取りやめによる影響

　複数物件を所有するインボイス発行事業者が，一部店舗や事務所を売却したり，事務所用賃貸物件を居住用賃貸物件に用途変更をすることで，年間課税売上高が1,000万円以下になることが考えられます。

仮に，インボイス発行事業者である事業者が，年間の税抜課税売上高が1,000万円以下となったことを機に免税事業者となることとした場合には，インボイス発行事業者の登録を取りやめる必要があります。

　インボイス発行事業者の登録を取りやめた場合，今まで不動産オーナーからインボイスの発行を受けていた店舗や事務所の借主は，インボイスの発行を受けることができなくなります。それにより，消費税の税負担が増加するため，賃料の値下げ交渉や解約のリスクの可能性もあります。

　インボイス登録をする前もそうですが，登録を取りやめた後の影響も想定してインボイス制度に対応する必要があります。

4　宅建業者の特例

　インボイス制度導入後は，インボイス発行事業者が交付する「適格請求書（インボイス）」等の保存が，仕入税額控除の要件となります。つまり，インボイス発行事業者でない一般の消費者からの仕入れ等については仕入税額控除の対象となりません。

　しかし，宅地建物取引業者が，「適格請求書発行事業者でない者から建物を当該事業者の棚御資産として購入する取引」については建物に係る消費税について仕入税額控除が適用できる特例があります（消令49①，消規15の4）。不動産事業者が棚卸資産を仕入れるのであれば，相手がインボイス登録事業者でなくてもその建物の仕入れについて仕入税額控除の適用を受けることができます。

5 免税事業者等からの仕入れに係る経過措置

　適格請求書等保存方式の下，インボイス発行事業者以外の者からの課税仕入れについては，仕入税額控除のために保存が必要な請求書等の交付を受けることができないことから，仕入税額控除を行うことができません（消法30⑦）。ただし，インボイス制度開始から一定期間は，インボイス発行事業者以外の者からの課税仕入れであっても，仕入税額相当額の一定割合を課税仕入れに係る消費税額とみなして控除できる経過措置が設けられています（28年改正法附則52，53）。

　令和6年度税制改正により，一の免税事業者等から行う当該経過措置の対象となる課税仕入れの額の合計額がその年又はその事業年度で税込10億円を超える場合には，その超えた部分の課税仕入れについて，本経過措置は適用できないこととする見直しが行われました（この改正は，令和6年10月1日以後に開始する課税期間から適用されます）。

2023年（令和5年）10月1日から2026年（令和8年）9月30日まで
……仕入税額控除相当額の80%
2026年（令和8年）10月1日から2029年（令和11年）9月30日まで
……仕入税額控除相当額の50%

---

6 2割特例

　インボイス制度を機に，免税事業者からインボイス発行事業者の登録をして課税事業者となった場合には，仕入控除税額を，特別控除税額（税抜純課税売上高に係る消費税額の80％相当額）とすることができます（28年改正法附則51の2①②）。

　なお，課税期間を短縮する特例の適用を受けている事業者は，2割特例の適用はありません。また，2割特例の適用に当たっては，事前の届出は必要なく，確定申告書に2割特例の適用を受ける旨を付記することで適用を受けることができます。

　2割特例の適用期間は，「2023年（令和5年）10月1日から2026年（令和8年）9月30日までの日の属する各課税期間」となります。

　例えば，個人事業者の場合には，2026年（令和8年）9月30日は，2026年（令和8年）1月1日から12月31日の課税期間に属するため，2026年（令和8年）分の消費税の計算まで，2割特例を適用することができます。

不動産事業における実務 POINT

2割特例と簡易課税制度

　簡易課税制度の選択を提出している場合でも，申告時に簡易課税か2割特例かの選択をすることができます。2割特例は，納税額が売上げに係る消費税額の2割（仕入税額控除相当が8割）となる制度のため，簡易課税を選択した場合には，第2種事業として申告した場合と同様の効果となります。

　不動産業のメインが第6種事業であることを考えると，簡易課税より2割特例を適用した方が有利になります。なお，2割特例の適用を受けたインボイス登録事業者が，翌課税期間中に「簡易課税制度選択届出書」を提出した場合には，提出日の属する課税期間から簡易課税の適用を受けることができます。

第 2 部

【実務編】

　実務編では，不動産実務を「売却した場合」「購入した場合」「賃貸した場合」に分けて，実務的な取引の中に消費税の取扱いを落とし込んで解説していきます。

1 売却した場合の取扱い

　不動産の売却について，建物の譲渡であれば課税取引，土地の譲渡であれば非課税取引に該当します。不動産の売却は，高額取引であることが多く，正しい取引分類と適正な売上計上を行わないと，適正な納税額と大きくかけ離れた税額計算を行う可能性があります。

　消費税の計算を踏まえると，建物の売却については，①当期の課税標準額に含まれ，納税額を増加させる，②原則課税の場合，当期の課税売上高が5億円を超えると全額控除とならない，③基準期間における課税売上高に含まれ，翌々期の納税義務の有無や簡易課税の適用の有無の判定に影響があることを，土地の売却があった場合には，当期の課税売上割合が下がることを確認しておきましょう。

1　土地建物を一括譲渡した場合の土地と建物の按分

　課税資産と非課税資産を同一の者に同時に譲渡した場合には，下記のように課税資産の譲渡等の対価の額を計算することとされています（消令45③）。

対価の額が合理的に区分されている場合 ⇒ その区分された対価の額

対価の額が合理的に区分されていない場合 ⇒ 下記の算式により計算

$$課税資産の譲渡対価 = 譲渡対価 \times \frac{課税資産の譲渡時の時価}{課税資産の譲渡時の時価 + 非課税資産の譲渡時の時価}$$

$$非課税資産の譲渡対価 = 譲渡対価 \times \frac{非課税資産の譲渡時の時価}{課税資産の譲渡時の時価 + 非課税資産の譲渡時の時価}$$

　不動産の売買は，土地単体，又は，土地と建物で取引されるケースが一般的です。

　土地付建物の譲渡について，まずは，売買契約書を確認し，そこに土地と建物の売買代金の記載があれば，原則的にはその金額が各々の対価の額です。また，売買代金が土地と建物の総額で記載されていても，消費税が記載されていることがあります。この場合，消費税額の割戻し計算により建物の対価の額を計算することができます。しかし，仮に不動産の売買契約書にその内訳が示されていないときには，一定の方法により，土地と建物の譲渡対価を合理的に区分する必要があります。

<具体例>

　区分マンションの譲渡対価が 8,000 万円で，土地の固定資産税評価額が 3,000 万円，建物の固定資産税評価額が 1,000 万円である場合の土地建物それぞれの譲渡対価

(1)　**土地の譲渡対価**

$$8,000 万円 \times \frac{3,000 万円}{3,000 万円 + 1,000 万円} = 6,000 万円$$

(2)　**建物の譲渡対価**

$$8,000 万円 \times \frac{1,000 万円}{3,000 万円 + 1,000 万円} = 2,000 万円$$

土地や建物の譲渡対価を計算する方法は，下記のような方法が考えられます。

(1) 売買契約書に記載されている消費税額から建物価額を逆算する方法
(2) 不動産鑑定士による鑑定評価などにより譲渡時における土地及び建物のそれぞれの時価の比率による按分をする方法
(3) 固定資産税評価額を基にして按分をする方法　など

【不動産売買契約書の一例（一部）】

A 不動産の表示

		所　在	地　番	地目(登記簿)	地積(登記簿)	持　分
土地	1.	新宿区新宿△丁目	△△ 番 △	宅地	76.54 ㎡	1分の1
	2.		番		㎡	
	3.		番		㎡	
		合計（　1　筆）				76.54㎡

	所　在	新宿区新宿△丁目△△番地△		家屋番号	△△番△
建物	種　類	居宅	構　造	木造瓦・亜鉛メッキ鋼板葺2階建	
	床面積	1階　45.67 ㎡・　　2階　45.67 ㎡・　階　㎡・　階　㎡・			
		階　㎡・　階　㎡		合計　91.34 ㎡	

特記事項	

＜パターン１：土地と建物の価格が明記されている場合＞

B 売買代金及び支払い方法等

> 土地価格と建物価格の内訳をそのまま使用します。

売買代金（第1条）					190,000,000 円
（上記売買代金のうち土地価格）					100,000,000 円
（上記売買代金のうち建物価格）					90,000,000 円
（上記売買代金のうち消費税額及び地方消費税額の合計額）					8,181,818 円
手付金（第2条）		本契約締結時支払い			3,000,000 円
中間金（第3条）	第1回	年	月	日	- 円
	第2回	年	月	日	- 円
残代金（第3条）		令和 × 年 1 月 1 日			187,000,000 円
引渡日（第7条）		■ 1. 売買代金全額受領日 □ 2.			

：

＜パターン２：消費税額が明記されている場合＞

B 売買代金及び支払い方法等

> 消費税額から建物価格を逆算します。

売買代金（第1条）		190,000,000 円
（上記売買代金のうち消費税額及び地方消費税額の合計額）		8,181,818 円
手付金（第2条）	本契約締結時支払い	3,000,000 円
残代金（第3条）	令和 × 年 1 月 1 日	187,000,000 円
引渡日（第7条）	■ 1. 売買代金全額受領日 □ 2.	

：

〈計算例〉

建物：8,181,818 ÷ 10％ ＋ 8,181,818 ＝ 89,999,998

土地：190,000,000 － 89,999,998 ＝ 100,000,002

＜算式＞

① **建物の価額**

消費税額 ÷ 10％（売却時点の税率）＋ 消費税額

② **土地の価額**

購入代金 － ①

<パターン３：売買代金以外が明記されていない場合
　　　　　（売買した年の固定資産税評価額を基にした按分）>

B 売買代金及び支払い方法等

> 合理的な基準により売買代金を按分します。

売買代金（第１条）		190,000,000 円
手付金（第２条）	本契約締結時支払い	3,000,000 円
残代金（第３条）	令和　×年　　１月　　１日	187,000,000 円
引渡日（第７条）	■　１．売買代金全額受領日　　　□　２．	

【固定資産（土地・家屋）評価証明書】

<table>
<tr><td rowspan="4">土地</td><td rowspan="3">所在等</td><td>新宿区△丁目△△番△</td><td rowspan="3">地積</td><td>登記地積</td><td>㎡</td><td colspan="4">令和×年度</td></tr>
<tr><td rowspan="2">登記地目：宅地
現況地目：宅地</td><td>76.54</td><td>価格（円）</td><td>（区分）</td><td>課税標準額（円）</td><td>********</td></tr>
<tr><td>現況地積</td><td>㎡</td><td rowspan="2">76,543,211</td><td>固定資産税</td><td></td><td>********</td></tr>
<tr><td></td><td></td><td></td><td>76.54</td><td>都市計画税</td><td></td><td>********</td></tr>
<tr><td>摘要</td><td colspan="8"></td></tr>
<tr><td>所有者</td><td colspan="8"></td></tr>
<tr><td rowspan="4">家屋</td><td rowspan="3">所在等</td><td>新宿区△丁目△△番地△</td><td rowspan="3">地積</td><td>登記地積</td><td>㎡</td><td colspan="4">令和×年度</td></tr>
<tr><td rowspan="2">家屋番号：△△番△</td><td>91.34</td><td>価格（円）</td><td>（区分）</td><td>課税標準額（円）</td><td>********</td></tr>
<tr><td>現況地積</td><td>㎡</td><td rowspan="2">3,456,789</td><td>固定資産税</td><td></td><td>********</td></tr>
<tr><td></td><td></td><td></td><td>91.34</td><td>都市計画税</td><td></td><td>********</td></tr>
<tr><td>摘要</td><td colspan="8"></td></tr>
<tr><td>所有者</td><td colspan="8"></td></tr>
</table>

〈計算例〉

建物：190,000,000×3,456,789÷（76,543,211 + 3,456,789）
　　　　　　　　　　　　　　　　　= 8,209,874

土地：190,000,000 − 8,209,874= 181,790,126

【固定資産税評価証明書の参考資料】
（※）分譲マンション（区分所有）を売却する場合

＜評価証明書イメージ図（23区発行）＞

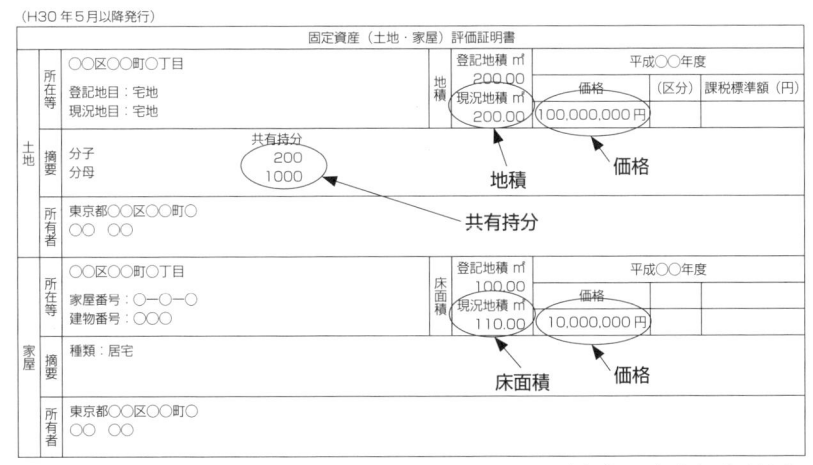

（出典：東京都主税局）

＜具体的な計算＞
- 土地建物の代金総額　　　60,000,000円
- 土地の固定資産税評価額　100,000,000円
  共有持分 1,000分の200
- 建物の固定資産税評価額　10,000,000円

① 建物の価額

$$60,000,000円 \times \frac{10,000,000円}{20,000,000円（※）+ 10,000,000円}$$

$$= 20,000,000円$$

$$（※）100,000,000円 \times \frac{200}{1,000} = 20,000,000円$$

② 土地の価額

60,000,000円 − 20,000,000円（建物）= 40,000,000円

　不動産鑑定士による鑑定評価による方法が最も税務リスクを抑えられると考えられますが，鑑定に時間と費用が掛かることから，その他の方法により按分することが多いかと思います。特に固定資産税評価額での按分を目にすることが多い印象があります。

　万が一税務調査になった場合でも，その価額が合理的であるという証拠をしっかり用意して，可能な限り複数の方法で計算し，最も合理的な方法を選択することが望ましいです。

　区分マンションや古民家等を買い取り，リフォームをした上で売却をするような事業を行う場合には，リフォームをした分だけ建物の価値が増加しております。こうしたケースについて単純に売却年度の固定資産税評価額の比で按分することは合理性を欠くとして現在係争中の裁判があり，今後の動向に注目が集まっています。

2　固定資産税等精算金の取扱い

　土地建物の売却時には，固定資産税等を精算する事があります。この精算金は，地方公共団体に納付すべき固定資産税そのものではなく，私人間で行う利益調整のための金銭の授受であり，不動産の譲渡対価の一部を構成します。したがって，土地に係る固定資産税等精算金は，土地の売却対価に含まれることになり，非課税売上となります。

　一方，建物に係る固定資産税等精算金は，建物の売却対価に含まれることになり，課税売上となります。

　不動産の売買を行う際は，慣習として固定資産税及び都市計画税（固定資産税等）の精算がなされます。

　固定資産税等は，不動産の所在する自治体において，その年の1月1日時点の所有者に対して賦課されるものです。年の中途で売却してしまっても，1月1日時点の所有者は売主であるため，売主は1年分の固定資産税等を支払わなければなりません。

　しかし，実際には，売却日から年末までの所有者は買主のため，固定資産税等のうち買主の所有期間に対応する部分を購入時に売主に支払うことが一般的です。売買契約書等の他，固定資産税等の精算明細書などが発行されているため，顧問先からそれらを取得するのを忘れないでください。

　買主が支払う固定資産税等精算金ですが，あくまで，納税者は1月1日時点の所有者である売主であり，これを租税公課として取り扱わないので注意してください。売主が取得する固定資産税等の精算金は，土地及び建物の譲渡対価の一部を構成しているものに過ぎず，譲渡代金とは別に収受した場合であっても建物及び土地の譲渡対価に含めることになります。

不動産事業における実務 POINT

名義変更が遅れた場合

　上記のように固定資産税等はその年の1月1日時点の所有者に賦課されるため，年末に不動産の引渡しが成立しているものの，所有権移転登記が年明けになってしまったような場合では，1月1日時点の所有者である売主に固定資産税等の納税通知書の送付がなされます。

　この場合には，1月1日時点の本来的な所有者である買主が固定資産税等の負担をするものと考えられるため，売主が負担した固定資産税等は事実上の立替金として，不動産の譲渡対価を構成しないものとされます。

> 　固定資産税，自動車税等（以下 10-1-6において「固定資産税等」という。）の課税の対象となる資産の譲渡に伴い，当該資産に対して課された固定資産税等について譲渡の時において未経過分がある場合で，その未経過分に相当する金額を当該資産の譲渡について収受する金額とは別に収受している場合であっても，当該未経過分に相当する金額は当該資産の譲渡の金額に含まれるのであるから留意する。
>
> （注）資産の譲渡を受けた者に対して課されるべき固定資産税等が，当該資産の名義変更をしなかったこと等により当該資産の譲渡をした事業者に対して課された場合において，当該事業者が当該譲渡を受けた者から当該固定資産税等に相当する金額を収受するときには，当該金額は資産の譲渡等の対価に該当しないのであるから留意する。

3　家事供用資産を譲渡した場合

　個人事業者が，1階を事務所，2階を自宅のように，事業の用と家事の用途に共通して使用するものとして取得した資産を譲渡した場合には，事業用の部分と家事用の部分とに合理的に区分をし，事業用の部分のみを消費税の計算に反映させます。

> ＜具体例＞
> 　1階が事務所，2階が自宅の土地付建物を売却した場合
> 　売却金額の内訳（税抜）　土地 6,000 万円・建物 4,000 万円
> 　建物の床面積　1階：60㎡・2階：40㎡
> 　（※）土地の売却については，建物の床面積比率をもって事業用部分と家事用部分を按分するものとする。

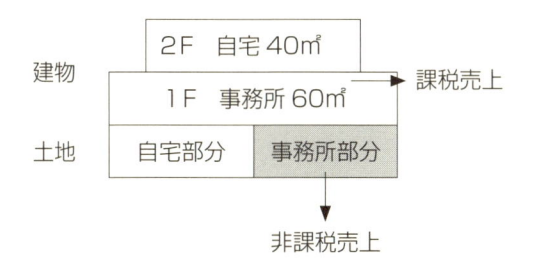

・課税売上高（建物の1階部分）

$$4,000 \text{ 万円} \times 60㎡ / (40㎡ + 60㎡) = 2,400 \text{ 万円}$$

・非課税売上高（土地の1階対応部分）

$$6,000 \text{ 万円} \times 60㎡ / (40㎡ + 60㎡) = 3,600 \text{ 万円}$$

・自宅（2階）部分の建物と土地の譲渡は課税対象外

不動産事業における実務 POINT

個人の不動産の譲渡

　個人の所得のうち資産の譲渡による所得は，所得税法上「譲渡所得」とされます（所法33①）。

　法人では事業区分という概念はありませんが，個人の場合には，稼ぎ方の性質によって課税方法が異なり，賃貸料収入など不動産の貸付けによる所得は「不動産所得」，不動産の売却による所得は「譲渡所得」とされます。

　ここで，記帳を行う際，不動産所得は会計ソフトに記帳すると思いますが，譲渡所得は記帳しません。消費税の課税事業者である個人が賃貸用の建物を売却した際には，注意が必要です。

　会計ソフトの中で「固定資産売却益」などの勘定科目を用いて不動産所得の計算の中で売却益も認識してしまうことがあるかと思いますが，上記のように個人の所得計算では不動産の譲渡による所得は，譲渡所得です。固定資産売却益を不動産所得に計上しないように注意しましょう。

　また，会計ソフトに入力しなかったことで，不動産の譲渡について消費税の申告漏れとならないように注意が必要です。例えば，不動産所得における記帳を下記のようにすることにより，会計ソフトと税務ソフトを連動させ，消費税の計算を行うことができます（この方法はあくまで一例です）。

　また，譲渡所得の計算において，消費税が課税されるものの経理処理については，その資産をその用に供していた事業所得等を生ずべき業務と同一の方式によるものとされています（消費税法等の施行に伴う所得税の取扱いについて2（注）2）。

　例えば，不動産所得につき税込経理方式を採用しているのであれば，譲渡所得の計算も税込金額によって行うことになります。

4　不動産の譲渡があった時期

　不動産の譲渡の時期は，原則として不動産の引渡しがあった日とします。

　ただし，その不動産が棚卸資産か，固定資産かにより詳細な取扱いが異なります。

（1）棚卸資産として販売する不動産（買取再販をする不動産会社の場合）（消基通9-1-2）

不動産の引渡しがあった日
　（その販売にかかる契約の内容等に応じてその引渡しの日として合理的であると認められる日のうち，事業者が継続して棚卸資産の譲渡を行ったこととしている日）
　棚卸資産が土地等である場合で，その引渡しが明らかでないときは，次に掲げる日のうちいずれか早い日とできる。
　①　代金のおおむね50％以上を収受するに至った日
　②　所有権移転登記の申請をした日（その登記の申請に必要な書類の相手方への交付を含む）

（2）固定資産として販売する不動産（不動産賃貸会社や自己所有の場合）（消基通9-1-13）

不動産の引渡しがあった日又は契約の効力発生の日
　固定資産が土地建物等である場合で，その引渡しが明らかでないときは，次に掲げる日のうちいずれか早い日とできる。
　①　代金のおおむね50％以上を収受するに至った日
　②　所有権移転登記の申請をした日（その登記の申請に必要な書類の相手方への交付を含む）

5　資産の譲渡等に類する行為
　　（代物弁済・負担付贈与・現物出資など）

　消費税は，対価を得て行う取引を課税の対象としています。ここでいう対価には金銭以外の経済的利益も含まれます。資産の譲渡等に類する行為とされる下記の取引について，対価の額を確認しておきましょう。

（1）代物弁済による資産の譲渡

　代物弁済とは，債務の弁済として，金銭等の代わりに，不動産などの資産等を引き渡すことをいいます。この行為は，資産等を売却した代金で債務を弁済していることと実質的に同じであるため，資産の譲渡等に含まれます。

　この場合の対価の額は，代物弁済により消滅する債務の額（代物弁済による資産の譲渡等につき債務者から金銭の支払を受ける場合は，その支払を受ける金額を加算した金額）です。

<具体例>

① 　1,000 万円の借入金の返済に代え，時価 1,000 万円の不動産を引き渡す。
　⇒ 　借入金 1,000 万円が譲渡対価の額です。

② 　1,000 万円の借入金の返済に代え，時価 1,200 万円の不動産を引き渡し，現金 200 万円を受け取る。
　⇒ 　借入金 1,000 万円＋受け取った現金 200 万円＝ 1,200 万円となり，1,200 万円が譲渡対価の額となります。

③ 　1,000 万円の借入金の返済に代え，時価 800 万円の不動産を引き渡し，現金 200 万円を支払う。
　⇒ 　200 万円は現金による返済で代物弁済により消滅する債務の額は 800 万円となり，800 万円が譲渡対価の額となります。

（2）負担付贈与による資産の譲渡等

　負担付贈与とは，資産等を無償で引き渡すことを条件に，何らかの負担をしてもらうことをいいます。

　例えば，不動産を無償で譲る代わりに，不動産のローンを肩代わりしてもらうような行為が該当します。

この場合の対価の額は，負担の価額に相当する金額となります。

(3) 現物出資

現物出資とは，法人の株式等を取得するに当たり，金銭の代わりに資産を現物で出資することをいいます。この行為は，資産を売却した代金で出資していることと実質的に同じであるため，資産の譲渡等に含まれます。

この場合の対価の額は，出資により取得する株式等の取得時の価額です。

＜具体例＞

時価 1,000 万円の不動産を現物出資とし，株式 500 株を受け取った。なお，株式の時価は 1 株当たり 2 万円である。

⇒　2 万円× 500 株＝ 1,000 万円となり，1,000 万円が譲渡対価の額となります。

6　収用があった場合

地方自治体が主導となり道路工事などの再開発工事により，不動産が収用されることがあります。この際には，収用の対価として対価補償金や収益保証金などを取得することになります。補償金は，本来，資産の譲渡や資産の貸付け，役務の提供の対価として取得するものではないので課税の対象となりませんが，対価補償金は収用される資産の対価に当たるものとして取扱います（消基通 5 - 2 -10）。

---

(1)　対価補償金 …… 資産の譲渡に係る対価として取扱います。

(2)　収益補償金 …… 課税対象外

(3)　経費補償金 …… 課税対象外

(4)　移転補償金 …… 課税対象外

(5)　その他対価補償金の実質を有しない補償金 …… 課税対象外

---

7 交換があった場合

　資産の交換は，資産の譲渡に該当します（消基通5-2-1）。

　資産の交換では，資産を引き渡し，新たな資産を取得することになるため，売上と仕入れを同時に認識することになります（消令45②）。

> 譲渡対価（売上）……交換取得資産の取得時の時価相当額（交換差金を取得する場合は，交換差金額を加算し，支払う場合は，交換差金を控除した金額）に相当する金額
>
> 支払対価（仕入）……交換譲渡資産の譲渡時の時価相当額（交換差金を支払う場合は，交換差金を加算し，交換差金を取得する場合は，交換差金を控除した金額）

8 たまたま土地の譲渡があった場合の準ずる割合（課税売上割合に準ずる割合）

　個別対応方式にて仕入れに係る消費税を計算する場合において，課税資産の譲渡等とその他の資産の譲渡等に共通して要する課税仕入れに乗ずる課税売上割合については，税務署長の承認を受けることにより，合理的な割合（課税売上割合に準ずる割合）を用いて計算することができます。

　たまたま土地の譲渡対価の額があったことにより課税売上割合が減少する場合で，課税売上割合を適用して仕入れに係る消費税額を計算すると当該事業者の事業の実態を反映しないと認められるときは，課税売上割合に準ずる割合の適用をすることで，消費税の負担増加を防ぐことができます。

　国税庁の質疑応答事例「たまたま土地の譲渡があった場合の課税売上割合に準ずる割合の承認」から，適用要件と具体的な計算方法を確認します。

不動産事業における実務 POINT

たたまた土地の譲渡があった場合の課税売上割合に準ずる割合の適用

　課税売上割合に準ずる割合の承認を受けるためには，以下の要件を全て満たしている必要があります。

＜要件＞

(1)　土地の譲渡が単発である
(2)　土地の譲渡がなかったとした場合に，事業者の営業の実態に変動がない
(3)　過去3年間で最も高い課税売上割合と最も低い課税売上割合との差が5％以内である

＜課税売上割合に準ずる割合＞

次の(1)又は(2)のうちいずれか低い割合
(1)　土地の譲渡があった課税期間の前3年に含まれる課税期間の通算課税売上割合
(2)　土地の譲渡があった課税期間の前課税期間の課税売上割合

　なお，一括比例配分方式には，上記の割合は適用できません（課税売上割合に準ずる割合が，個別対応方式のみ適用できるため）。
　また，この割合は，たまたま土地の譲渡があった場合を前提としているため，継続適用はできません。そのため，この割合を適用した課税期間の翌課税期間に，「消費税課税売上割合に準ずる割合の不適用届出書」を提出する必要があります。
　なお，提出しなかった場合には，税務署側で承認の取消しが行われます。

<具体例>

　課税事業者（原則課税）である法人が，当課税期間においてたまたま土地を譲渡した場合

　なお，土地の譲渡がなかったとした場合に，事業者の営業の実態に変動はないものとします。

- ・課税売上高（税抜）　　4,000 万円
- ・非課税売上高　　　　　6,000 万円
- ・課税仕入高（税込，消費税 10%）
  - 　（内訳）　　　　　　　3,850 万円
  - 　課税売上対応分　　　　3,300 万円
  - 　共通対応分　　　　　　440 万円
  - 　非課税対応分　　　　　110 万円
- ・前期以前の売上高
  - 　前期　課税売上高：3,950 万円・非課税売上高：50 万円
  - 　前々期　課税売上高：3,900 万円・非課税売上高：100 万円
  - 　前々期の前期　課税売上高：3,970 万円・非課税売上高：30 万円

(1) **課税売上割合**

　（※）95% 未満で課税売上高 5 億円以下

　4,000 万円／（4,000 万円＋6,000 万円）＝ 40%

(2) **前期以前の各課税期間の課税売上割合**

　① 　前期　3,950 万円／（3,950 万円＋50 万円）＝ 98.75%

　② 　前々期　3,900 万円／（3,900 万円＋100 万円）＝ 97.5%

　③ 　前々期の前期　3,970 万円／（3,970 万円＋30 万円）＝ 99.25%

(3) **課税売上割合に準ずる割合の要件判定**

　最も高い課税売上割合 99.25%－最も低い課税売上割合 97.5%

　　　　　　　　　　　　　　　　　＝ 1.75%≦ 5%

　　　　　　　　　　　　　　　∴　要件を満たす

(4) **通算課税売上割合**

　（3,950 万円＋3,900 万円＋3,970 万円）／（3,950 万円＋50 万円
　＋3,900 万円＋100 万円＋3,970 万円＋30 万円）＝ 98.5%

(5) 課税売上割合に準ずる割合

98.75%（前期）＞ 98.5%（通算）

(6) 仕入控除税額（国税）

① 個別対応方式

3,300万円 × 7.8 ／ 110 ＋ 440万円 × 7.8 ／ 110 ×

98.5% ＝ 2,647,320円

② 一括比例配分方式

3,850万円 × 7.8 ／ 110 × 40% ＝ 1,092,000円

③ ①＞② ∴ （2,647,320円 ①の方が有利）

2 購入した場合の取扱い

1 不動産取引の消費税の課否判定

　不動産取引では，課税仕入れに該当するか否かの判断が難しい支出が多々存在します。ここでは，消費税の可否判定を行う上で確認しておきたいポイントと不動産取引特有の支出について確認していきます。

（1）不動産の購入代金

　まず，不動産取引で確認したいのが「売買契約書」です。

　土地と建物の購入をした場合には，土地と建物のそれぞれの購入代金について消費税の処理を行う必要があります。

① 　土地の購入代金……非課税仕入れ
② 　建物の購入代金……課税仕入れ

不動産事業における実務 POINT

土地と建物の購入代価の区分が重要

　売買契約書上では，土地と建物の合計の代金が記載されていたとしても，土地の仕入れと建物の仕入れでそれぞれ消費税の取扱いが異なるため，購入対価を区分をする必要があります（一括取得した場合の土地と建物の区分については，「第1部 **1**　土地建物を一括譲渡した場合」の土地と建物の按分とこの後にある「**7**　土地建物を一括取得した場合の土地と建物の按分」を参照してください）。

【不動産取引のスケジュール】

不動産取引は，下記の流れで進むのが一般的です。
① 契約時点手付金の支払
② 決済時点残代金の支払
⇒この時点で不動産の所有権が引き渡されます。
　また，このタイミングで売主への未経過固定資産税等，不動産仲介業者に対する仲介手数料や，司法書士への所有権移転の登記費用を支払うケースが多いです。

不動産事業における実務 POINT

固定資産税等精算金（未経過固定資産税等）の取扱い

　固定資産税等精算金は不動産売買取引代金の一部であることから，土地と建物の価額割合によりそれぞれの取得価額に按分計上する必要があります。

＜①契約時点での仕訳＞ （※）手付金の支払を普通預金口座から行っている場合

（借方）前渡金（消費税対象外）×××　／　（貸方）普通預金×××

＜②決済時点での仕訳＞ （※）残代金の支払を普通預金口座から行っている場合

（借方）土地（非課税仕入れ）×××　　／　（貸方）普通預金×××
（借方）建物（課税仕入れ）×××　　／　（貸方）前渡金×××

（※）土地及び建物の取得価額は，それぞれ「土地代金＋土地の固定資産税等精算金」，「建物代金＋建物の固定資産税等精算金」となります。

不動産事業における実務 POINT

不動産に係る諸費用の取扱い

不動産取得時の諸費用についての取扱いは下記のようになります。

（1）仲介手数料

仲介手数料は，不動産の取得価額を構成します。そのため，土地と建物の価額の割合によりそれぞれの取得価額に按分計上する必要があります。なお，ここで注意したいのは，土地自体の取得は，非課税仕入れとされますが，土地の取得に係る仲介手数料は課税仕入れとなる点です。課税仕入れとして認識した上で，土地の利用目的により用途区分を判断する必要があります。

（2）不動産取得税，登録免許税，登記費用等

不動産の取得に伴う不動産取得税，登録免許税及び登記費用等の諸費用は固定資産の取得価額に算入しないことができる費用とされています（所基通37-5，49-3，法基通7-3-3の2）。

そのため，不動産取得税及び登録免許税を租税公課（消費税対象外）として，また，司法書士報酬を支払手数料（課税仕入れ）として処理することが多いです。

＜上記(1)及び(2)の仕訳＞（※）普通預金口座から支払っている場合

① 仲介手数料
（借方）土地（課税仕入れ）×××　　　／　（貸方）普通預金×××
（借方）建物（課税仕入れ）×××

② 不動産取得税・登録免許税・印紙税
（借方）租税公課（消費税対象外）×××　／　（貸方）普通預金×××

③ 登記費用（司法書士報酬）
（借方）支払手数料（課税仕入れ）×××　／　（貸方）普通預金×××

（3）金融機関などから融資を受ける場合

金融機関などから融資を受ける場合には，下記のように融資の実行手数料が課税仕入れとなります。

（借方）普通預金×××　　　　　　　　／　（貸方）長期借入金×××
（借方）支払手数料（課税仕入れ）×××

内容	消費税の課税取引
土地の購入代金	非課税仕入れ(不動産の取得価額に含める)
建物の購入代金	課税仕入れ（不動産の取得価額に含める） (※)個人が自宅を購入する場合などは対象外
固定資産税等精算金（土地）	非課税仕入れ(不動産の取得価額に含める)
固定資産税等精算金（建物）	課税仕入れ（不動産の取得価額に含める）
仲介手数料	課税仕入れ（不動産の取得価額に含める）
司法書士報酬	課税仕入れ
登録免許税	対象外
融資実行手数料	課税仕入れ
収入印紙代	対象外
借入金の支払利息	対象外
損害保険料（火災保険・地震保険）	対象外

2 不動産取得時の用途区分

　個別対応方式の場合，課税仕入れは，売上げとの対応から用途区分を行います。土地と建物の取得には，土地を購入して建物を建てる場合と土地付建物を購入する場合が一般的です。各々のケースについて取扱いを比較してみます。

（1）土地を購入し建物を建てる場合

　土地を購入（非課税仕入れ）し，購入した土地に造成を行い，その土地の上に建物を建設した場合には，土地の所有権移転に係る登記費用と造成費用，建物の建設費用と建物の所有権保存に係る登記費用が課税仕入れに該当します。建物の建設費用と土地に係る造成費用と各々の登記費用は，以下に応じて用途区分を行うことになります。

① 賃貸用とする場合（固定資産）

不動産オーナー，不動産会社，一般の事業会社のどの立場の事業者でも想定されるケースです。建物の建設費用，土地の造成費用，各々の登記費用はいずれも，家賃収入との対応から課税仕入れの用途区分を行います。

賃貸物件の種類ごとの取扱いは下記のとおりです。

(i) 店舗又は事務所用として賃貸する場合

課税対応仕入れに区分し，個別対応方式では課税仕入れに係る消費税額の全額が仕入税額控除の対象です。

(ii) 居住用として賃貸する場合

非課税対応仕入れに区分し，個別対応方式では仕入税額控除の対象となりません。建物が居住用賃貸建物に該当する場合には建物の取得費用について仕入税額控除の適用はありません。

② 販売用とする場合（棚卸資産）

土地付き建物の譲渡を行った場合，譲渡対価は，必ず土地の譲渡と建物の譲渡に区分します。建物の建設費用と登記費用は，建物の売却のみに対応する費用であるといえます。

土地の登記費用と造成費用は，土地に係る費用ではあるものの，造成した土地に建物を建設して販売することから，土地の売却のみならず，建物の売却にも対応しているといえます。

そこで，課税仕入れの用途区分は，次のようになります。

(i) 建物の建設費用と登記費用

課税対応仕入れに区分し，個別対応方式では課税仕入れに係る消費税額の全額が仕入税額控除の対象です。

(ii) 土地の造成費用と登記費用

　共通対応仕入れに区分し，課税仕入れに係る消費税額に課税売上割合を乗じた額が仕入税額控除の対象です。

（2）土地付建物を購入する場合

　不動産仲介業者を通して土地付建物を取得した場合には，建物の取得費用，購入に係る仲介手数料，所有権移転に係る登記費用が課税仕入れに該当します。これらの課税仕入れは，以下に応じて用途区分を行うことになります。

①賃貸用とする場合（固定資産）

　建物の取得費用，購入に係る仲介手数料，所有権移転に係る登記費用は，前述の建設の場合と同様にいずれも家賃収入との対応から課税仕入れの用途区分を行います。

(i)　店舗又は事務所用として賃貸する場合

　課税対応仕入れに区分し，個別対応方式では課税仕入れに係る消費税額の全額が仕入税額控除の対象です。

(ii)　居住用として賃貸する場合

　非課税対応仕入れに区分し，個別対応方式では仕入税額控除の対象となりません。建物が居住用賃貸建物に該当する場合には，建物の取得費用について仕入税額控除の適用はありません。

②　販売用とする場合（棚卸資産）

(i)　建物の取得費用

　課税対応仕入れに区分し，個別対応方式では課税仕入れに係る消費税額の全額が仕入税額控除の対象です（居住用の賃借人が入居している物件を

購入した場合など，居住用賃貸建物に該当する場合には，仕入税額控除の適用はありません）。

(ii) 購入に係る仲介手数料・登記費用

　共通対応仕入れに区分し，個別対応方式では課税仕入れに係る消費税額に課税売上割合を乗じた額が仕入税額控除の対象です。

【中古の賃貸用マンション等の収益不動産の取得に係る消費税の仕入税額控除（個別対応方式）の用途区分に係る訴訟】

　中古の賃貸用収益不動産（居住賃貸用）を取得し，適正賃料で居室の貸付けを行い空室を減らした上で転売を行っていた不動産販売業者であるM社及びA社は，当該不動産の建物取得に係る課税仕入れにつき，転売（建物の売却）目的であったことから「課税対応仕入」として消費税の確定申告をしていたところ，所轄税務署長は，購入から転売までの期間に非課税である賃貸収入が発生していたことから「共通対応仕入」に該当するとして更正処分等を受けたことで争われた事例です。

　結論としては，いずれも納税者側が敗訴しており，上記のような非課税である賃貸収入の発生を伴う転売目的の建物の取得費用は，「共通対応仕入」に区分することとされました。

　不動産販売業者では，建物と合わせてその敷地も譲渡することが一般的であり，土地の譲渡金額は高額であることから，課税売上割合は低い傾向にあります。

　すなわち，上記訴訟のような建物の取得が「共通対応仕入」に区分されると，保有期間に応じた建物の賃貸収入（非課税）が少額であっても，建物取得に係る消費税額の相当部分について仕入税額控除が認められないこととなります。

　昨今は，居住用賃貸建物に係る規定が整備されたことにより，この問題について一応の手当がされましたが，取得価額が 1,000 万円未満の建物は

居住用賃貸建物に該当しないことから，低額な投資用建物を多数取り扱う不動産業者などの場合であれば，課税売上割合に準ずる割合の適用を検討するといった対策が必要になるでしょう。

3　用途区分の判定時期

　個別対応方式による仕入控除税額を計算する場合，課税仕入れの用途により取扱いが分かれますが，用途区分の判定時期は「課税仕入れを行った日の状況」によることが原則です。

　ただし，課税仕入れを行った日において，その区分が明らかにされていない場合で，その課税仕入れの日の属する課税期間の末日までに用途区分が明らかにされたときは，その用途区分により仕入税額控除の計算をすることも差し支えないとされています（消基通11-2-20）。

4　不動産の取得の時期

　不動産取引は，物件の購入の契約から，自身に所有権が移るまでに一定期間を要するのが一般的です。不動産の課税仕入れの時期は，原則として「引渡し」があった日によります（消基通11-3-1）。

　なお，この他，売却した場合の「**4**　不動産の譲渡があった時期」で紹介した通達（消基通9-1-2，9-1-13）の取扱いもあります。

　ただし，上記のような通達はあるものの，契約日を課税仕入れ時期としたことについて，平成31年3月15日の判決では，「売買契約においては，契約締結日をもって所有権を移転する旨の明示的な合意はされていない上，建物の引渡日をもって所有権を移転する旨を合意していたと認められ，契約締結日をもって建物の所有権の移転の時期とする合意があったとは認め

られない」として引渡日が不動産の取得の時期であるとされました。

　不動産の取得の時期は，引渡日を基準としつつ，契約によって別途権利（所有権）の移転日を定めている場合について契約の効力発生日とすることが認められています。

5　建設仮勘定の取扱い

　建設仮勘定とは，建物などの建設に際し，完成までにかかる費用を計上する勘定科目で，前払金の性質を持っています。

　建物工事の場合に，一般的には引渡しの時点でまとめて請負工事代金を支払うわけでなく，着工から引渡しにかけて着手金，中間金，竣工金など複数回に分けて代金の支払をすることになります。建物工事の場合，完成した建物の引渡しを受けた日が課税仕入れの時期となります。

　建物が完成し引渡しを受けた時点で建物の取得を認識するため，仕入税額控除の取扱いは下記のようになります。

（着手金支払時）
　（借方）建設仮勘定×××　／　（貸方）普通預金×××
　　　（消費税対象外）

（中間金支払時）
　（借方）建設仮勘定×××　／　（貸方）普通預金×××
　　　（消費税対象外）

（引渡時）
　（借方）建物（請負工事代金）×××／（貸方）建設仮勘定（着手金と中間金の合計）×××
　　　（課税仕入れ）
　　　　　　　　　　　　　　　　　（貸方）普通預金×××
　⇒　引渡時点で仕入税額控除を行う。

なお，建設仮勘定のうち建設費用のほかに建築事務所に依頼した建物の設計（課税仕入れ）費用が含まれる場合は次の消費税の取扱いが設けられています。

【建設仮勘定（消基通 11-3-6）】

事業者が，建設工事等に係る目的物の完成前に行った当該建設工事等のための課税仕入れ等の金額について建設仮勘定として経理した場合においても，当該課税仕入れ等については，その課税仕入れ等をした日の属する課税期間において法第 30 条《仕入れに係る消費税額の控除》の規定が適用されるのであるが，当該建設仮勘定として経理した課税仕入れ等につき，当該目的物の完成した日の属する課税期間における課税仕入れ等としているときは，これを認める。

会計処理では，この設計料も建物の取得のために要した費用のため，最終的には建物の取得価額を構成しますが，支出の時点ではまだ完成引渡しを受けていないため，上記の着手金同様「建設仮勘定」として処理することになります。

上記消費税の取扱いに照らした会計上の仕訳は，下記のいずれかになります。

【原　則】
(1)　役務の提供完了時
　　　（借方）建設仮勘定（設計料）×××　／　（貸方）普通預金　×××
　　　（課税仕入れ）

(2)　建物引渡時
　　　（借方）建物×××　／　（貸方）建設仮勘定（設計料）×××
　　　（消費税対象外）　　　　　（消費税対象外）

　設計という役務の提供を受けたのであれば，原則として，役務の提供を受けた日が課税仕入れの時期です。

　しかし，原則的な会計処理を採用する場合，建設仮勘定という処理の中に，一部仕入税額控除を終えた費用（設計費）と，仕入税額控除を受けていない前払金とが計上されることとなり，完成までに継続的な管理が必要です。特例として，上記の設計費などについても，建物の完成引渡しの時期でまとめて仕入税額控除の適用を受けることが認められています。

6　共有と区分所有

　不動産を共同で購入した場合に，注意しなければならないのが自身の持分についての考え方です。

　事例を使って考えてみましょう。

<事例>
　2階建ての建物を1億円で取得した場合（1階と2階の床面積は同一）
　・1階は店舗として賃貸
　・2階は個人の自宅として利用
　（※)床面積を合理的な基準として按分するものとする

（1）建物全体を夫と妻が2分の1ずつ共有で取得した場合の夫の仕入税額控除の対象となる金額

> 1億円×1/2×1/2＝2,500万円

　建物全体のうち，夫の持分2分の1を乗じ，さらに1階部分のみが事業用となるため，さらに2分の1を乗じています。

（2）建物の1階を夫が，2階を妻が，それぞれ区分所有して2分の1ずつ共有で取得した場合の夫の仕入税額控除の対象となる金額

> 1億円×1/2＝5,000万円

　この場合には，夫の所有は1階部分のみであり，1階は全て店舗として賃貸するため，2分の1部分が仕入税額控除の対象となります。

　このように，単純に建物全体を共有するのか，区分所有でそれぞれ所有をするのかでも仕入税額控除に影響を与えるため注意が必要です。

7　土地建物を一括取得した場合の土地と建物の按分

　土地と建物の一括取得をした場合に，仮に，不動産の売買契約書にその内訳が示されていないときは，下記に掲げる方法などにより，土地と建物の価額を合理的に按分する必要があります。

　なお，実務上は下記(1)の方法で計算可能な場合には，(1)で計算するのが一般的です。

(1) 売買契約書に記載されている消費税額から建物価額を逆算する方法

　(※) 過去に取得した不動産の場合，購入時期に適用されていた税率で建物価額を逆算します。購入時期の適用税率を確認するようにしましょう。

(2) 不動産鑑定士による鑑定評価などにより譲渡時における土地及び建物のそれぞれの時価の比率による按分をする方法

(3) 固定資産税評価額を基にして按分をする方法　など

使用する消費税率は，建物の購入時期により下記の税率で計算してください。
・1989年（平成元年）　4月1日〜1997年（平成9年）3月31日……3％
・1997年（平成9年）　4月1日〜2014年（平成26年）3月31日……5％
・2014年（平成26年）4月1日〜2019年（令和元年）9月30日……8％
・2019年（令和元年）　10月1日〜……10％

3 賃貸した場合の取扱い

1 不動産の貸付け

　不動産の貸付けは,「土地の貸付け」と「施設の貸付け」に分けて考えると整理がしやすいです。

　「施設の貸付け」について,その使用料を建物などの施設部分と敷地部分とに区分しているときでも,その総額を「施設(全体)」の貸付けの対価として取り扱う点に注意が必要です。

　また,不動産の貸付けのうち,一定の「土地の貸付け」と一定の「住宅の貸付け」は消費税が非課税とされています。

(1) 土地の貸付け

① 非課税とされる土地の貸付けから除外されるもの

　下記のものの対価は,消費税が非課税とならず,課税売上として取扱います。

- ・土地を一時的に使用させる(貸付けに係る期間が1か月に満たない)場合
- ・駐車場その他の施設の利用に伴って土地が使用される場合

② 非課税とされる土地の貸付けの範囲

　非課税とされる土地の譲渡及び貸付けには,土地の他にも「土地の上に存する権利」も含まれます。その代表例は,借地権です。借地権とは「建物の所有を目的とする地上権又は土地の賃借権」をいいます(借地借家法2①一)。

借地権の設定に伴い授受される更新料や名義書換料は，土地の貸付け又は土地の上に存する権利の設定の対価として，「非課税」となります。

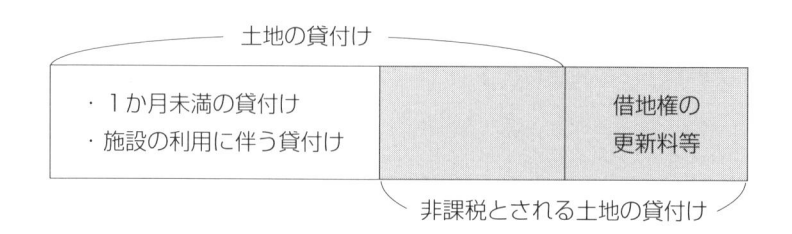

不動産事業における実務 POINT

土地の貸付けの課税・非課税判定

　土地の貸付けの判断材料として，「賃貸借契約書」はとても重要です。

　賃貸借契約書には，貸主，借主のほか，賃貸物件の所在地や面積，契約期間，物件の使用目的，賃料などの事項が記載されています。例えば，土地の貸付けが一時的な使用に当たるかどうかなどを，契約で定められた期間で判定します。

　賃貸借契約書を確認した上で，取引分類を行う必要があるため，資料の請求漏れのないように注意しましょう。

土地賃貸借契約書

賃貸人 ○○ ○○ （以下、甲という。）と 賃借人 株式会社○○ （以下、乙という。）との間に、次のとおり土地賃貸借契約を締結する。

第1条　賃貸人は、その所有する次に表示の土地（以下「本件土地」という）を、建物所有の目的をもって賃貸し、賃借人はこれを賃借することを約する。
（土地の表示）
所　在　東京都新宿区新宿△丁目
地　番　△△番△
地　目　宅　地
地　積　123.45㎡

第2条　賃貸借の期間は 令和×年1月1日から令和×年12月31日まで の20年間とする。ただし、当事者が期間満了3ヶ月前までに別段の意思表示をしないときは、この契約と同一条件をもって更に2年間更新するものとする。その後の期間満了についても同様とする。
　　　　上記の場合においても賃借人は更新料を賃貸人に支払わないものとする。

第3条　賃料は1ヶ月につき 金 80,000 円 とする。ただし、その賃料が経済事情の変動、公租公課の増額、近隣賃料との比較等により不相当となったときは、賃貸人は、契約期間中であっても、賃料の増額の請求をすることができるものとする。

第4条　…

　また，貸した土地が駐車場として利用されている場合，貸主が単に土地を貸しているのみなのか，貸主が駐車場自体を貸しているのかの判断は，契約内容のみではなく「実態（駐車場設備を設置したのは貸主と借主のどちらかなど）」に照らして行う点にも注意が必要です。実態が，駐車場という施設の使用であれば消費税が課税されます。

　なお，いわゆる青空駐車場（駐車場設備がなく整備を行っていない土地を貸し，借主が駐車場として使用する）については，貸主において「土地の貸付け」に該当し，消費税が非課税となります。

　賃貸借契約書という形式と利用実態の両方ともしっかりと確認を取った上で処理をする必要があります。

（2）住宅の貸付け

　原則的には，住宅の貸付けによる収入は，消費税が非課税とされますが，非課税とされる住宅の貸付けから除外されるものもあります。

①　非課税とされる住宅の貸付けの範囲

　下記の場合には，消費税が非課税とされます。

　住宅（人の居住の用に供する家屋又は家屋のうち人の居住の用に供する部分をいいます）の貸付けで，①契約において人の居住の用に供することが明らかにされている場合，又は，②契約において貸付けに係る用途が明らかにされていない場合にその貸付け等の状況からみて人の居住の用に供されていることが明らかな場合です。また，住宅の貸付けの対価は月極家賃，共益費のほか，礼金，更新料，敷金・保証金等のうち借主に返還しない部分も含まれます。

②　非課税とされる住宅の貸付けから除外されるもの

　下記の場合には，消費税が非課税とはされません。

・住宅を一時的に使用させる（貸付けに係る期間が1か月に満たない）場合
・旅館業法2条1項（定義）(※)に規定する旅館業に係る施設の貸付けに該当する場合

（※）旅館・ホテル営業，簡易宿所営業及び下宿営業をいいます。

　なお，民泊やウィークリーマンションは旅館業に該当するため，貸付期間を問わず，消費税は非課税とはなりません。

不動産事業における実務 POINT

住宅の貸付けの課税・非課税判定

　アパートやマンション，戸建て住宅であっても居住用として貸付けがされるとは限りません。集合住宅の一室を事務所などの事業用の用途で貸付けるケースもあります。

　消費税の取扱いを判断する上では，主に賃貸借契約書の「用途」の記載を確認するようにしましょう。賃貸借契約書において用途が居住用と記載されていれば消費税は非課税とされ，事業用と記載されていれば消費税が課税されます。

　用途が明らかにされていない場合や居住用又は事業用どちらでも使用することができる場合は，借主や住宅の状況その他の状況から消費税が非課税とされる住宅の貸付けに該当するかを判断することとなります。

　具体的には，住宅が借主（個人）の居住の用に供されていないことを貸主が把握していない場合（借主が事業用の用途で使用していることを貸主が把握しているケース以外の住宅の貸付け）は，非課税とされる住宅の貸付けとして取り扱います。

〔住宅の貸付けの課非判定〕

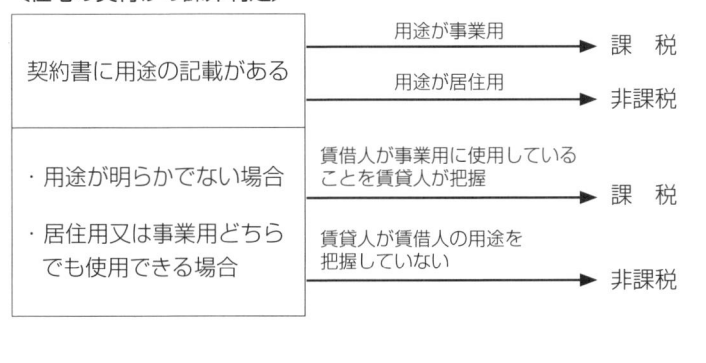

（3）住宅の貸付けの課税・非課税判定の具体例

① 店舗等併設住宅の貸付け（消基通6-13-5）

店舗等併設住宅の居住用部分は住宅に該当します。したがって，居住用部分の貸付けは住宅の貸付けとして消費税は非課税となります。

一方，事業用部分の貸付けは，消費税が課税されます。この場合，建物の貸付けに係る対価の額を床面積の比率により居住用に係る対価の額と事業用に係る対価の額とに合理的に区分する必要があります。

② SOHO の貸付け

SOHO（ソーホー）とは，「Small Office Home Office」の略で自宅兼オフィスなどのことをいいます。SOHO は原則として住居の扱いとされ，契約も一般的には住居（居住用）として行うため消費税は非課税となります。

ただし，事務所（事業用）として契約した場合には，消費税は課税されます。

③ 借上げ社宅の取扱い（消基通6-13-7）

法人が住宅を借り上げ，従業員に転貸する場合には，貸主からの賃貸及び従業員に対する転貸のいずれも消費税は非課税となります。

なお，法人の会計処理上の注意点として，社宅利用料の相殺処理が挙げられます。原則課税方式の場合，従業員から収受する社宅利用料は非課税売上高として課税売上割合の分母に含まれます。一方で，法人が貸主に支払う社宅使用料は，課税仕入れに該当しません（非課税仕入であり，仕入税額控除の対象外）。

仮に，会計ソフトで入力作業を行う際に，法人が貸主に支払う社宅使用料について「賃借料（非課税仕入，対象外仕入)」で経費計上し，従業員から収受する社宅利用料を「賃借料（非課税仕入，対象外仕入)」という

同一科目を使用して経費の減額（相殺）処理をしてしまうと，従業員から収受する社宅利用料は非課税売上高に含まれず課税売上割合が過大に算出されてしまいます。

　会計ソフトでは，従業員から収受する社宅利用料が「非課税売上」に計上されるよう勘定科目や課税区分の設定をしておくことに注意が必要です。

（誤）
　　家賃支払
　　（借方）賃借料（非課税仕入）　／　（貸方）普通預金
　　家賃収入
　　（借方）普通預金　　　　　　　／　（貸方）賃借料（非課税仕入）

（正）
　　家賃支払
　　（借方）賃借料（非課税仕入）　／　（貸方）普通預金
　　家賃収入
　　（借方）普通預金　　　　　　　／　（貸方）雑収入（非課税売上）

---

④　転貸借（サブリース）の取扱い（消基通6-13-7，消基通6-13-11）

　建物の賃貸を受けた借主が当該建物を第三者に転貸することがあります。サブリース取引が代表例です。

　住宅のサブリース取引について，貸主と借主の間の契約（以下「サブリース契約」といいます）において物件の用途が明らかでない場合，「借主と転借人間の賃貸借取引」から貸主の借主に対する建物の貸付けについて消費税が非課税とされるか否かを判断することとなります。

　まず，住宅用の建物を賃貸する場合において，借主が自ら使用しない場合であっても，サブリース契約において，借主が住宅（居住用）として転

貸することが（貸主と借主の間の）契約書その他において明らかな場合には，当該住宅用の建物の貸付けは消費税が非課税とされます。

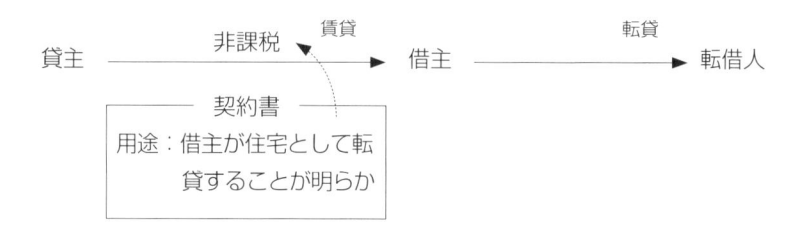

　次に，サブリース契約において物件の用途が明らかにされていないものの，借主と転借人の間で居住用としての賃貸借契約がされている場合には，借主と転借人への転貸だけでなく，貸主から借主への賃貸も非課税となります。

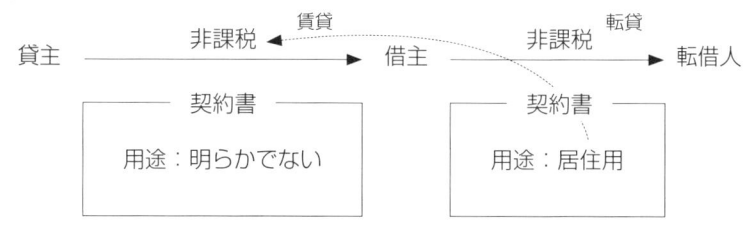

　また，サブリース契約において物件の用途が明らかにされておらず，借主と転借人との間の転貸借においても物件の用途が明らかにされていない場合には，転借人（個人）が物件を事業用に使用していることを貸主が把握していないときは非課税とされます。

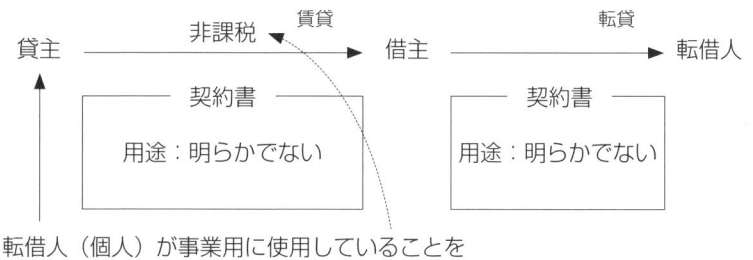

転借人（個人）が事業用に使用していることを
把握していない

⑤ 用途変更の場合の取扱い（消基通6-13-8）

　賃貸物件の用途変更があった場合には，用途変更の契約後の貸付けについて取引分類を変更します。

　例えば，賃貸借契約において住宅として貸し付けられた建物について，契約当事者間で住宅以外の用途に変更することについて契約変更した場合には，契約変更後の当該建物の貸付けに対して消費税が課税されます。

　また，賃貸借契約において住宅として借り受けている建物を借主が貸主との契約変更を行わずに，当該賃借人において事業の用に供したとしても，当該建物の借受けは，当該借主の課税仕入れに該当しません。

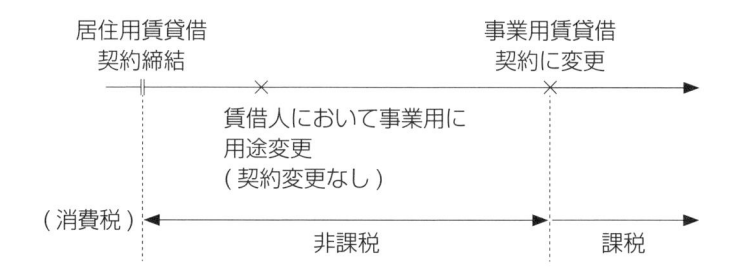

⑥ 駐車場付き住宅の貸付け（消基通6-13-3）

　駐車場付き住宅としてその全体が住宅の貸付け（非課税）とされる駐車場には，一戸建住宅に係る駐車場のほか，集合住宅に係る駐車場で入居者について1戸当たり1台分以上の駐車スペースが確保されており，かつ，自動車の保有の有無にかかわらず割り当てられる等の場合で，住宅の貸付けの対価とは別に駐車場使用料等を収受していないものが該当します。

⑦ 下宿等の取扱い

　単純な不動産の貸付けでなく，下宿所のように食事の提供をする場合には，消費税の取扱いにも注意しなければなりません。

　個人での貸付けの場合には，所得区分にも影響がありますので整理しておきましょう（所基通26-4）。

> アパート・下宿等の所得の区分
> 　① アパート・貸間等のように食事を供さない場合 ⇒ 不動産所得
> 　　……居住用としての貸付けであれば消費税は非課税
> 　② 下宿等のように食事を供する場合 ⇒ 事業所得又は雑所得
> 　　……居住用部分の家賃のみ消費税は非課税，食費等に相当する代金は
> 　　　消費税が課税

2　収益の認識（賃貸）

　不動産賃貸に係る収益には「家賃」と同等に扱うべきものとそうではないものがあります。また，賃貸に係る収益について，「いくら」を「いつ」計上するのかを確認しておくことが大切です。

　貸主が法人の場合と個人の場合とでは，収益の計上時期の考え方も異なるので，注意が必要です。

（1）共益費

入居者から収受する共益費（共用部分に係る費用を借主に負担させる性格のもの）については，共益費や管理費等の名称に限らず家賃と同様の取扱いとなります。

---

① 住宅の貸付けに係る家賃とともに受け取る共益費……非課税売上
② 店舗又は事務所などテナントの家賃とともに受け取る共益費……課税売上

なお，各借主ごとにメーターにより区分された実費相当を受け取り，「預り金」として処理している場合には，本来テナントが支払うべき金額を預かって，代わりに払っているに過ぎないため，不課税取引となります。

（2）中途解約金と遅延損害金（消基通5-2-5）

中途解約金は，解約により建物（資産）の貸付けが行われていないため，対価性がなく課税の対象とはなりません。

それに対して，遅延損害金は賃貸人の意向にかかわらず，借主への建物（資産）の貸付けに基づき収受するものであるため対価性がある点で取扱いが異なります。

① 中途解約金

建物の貸主は，建物の賃貸借の契約期間終了前に入居者から解約の申入れにより，中途解約の違約金を受け取る場合があります（中途解約金）。

この中途解約金は，貸主が借主から中途解約されたことに伴い生じる逸失利益を補填するために受け取るものであり，損害賠償金に該当するため課税の対象とはなりません。

② 遅延損害金

一方，契約期間が満了したにもかかわらず借主からの賃貸建物の明渡しが遅れたことにより，貸主が借主から損害賠償金を収受することがあります（遅延損害金）。

この遅延損害金は，借主が正当な権利なくして物件を使用したことについて収受する割増しの賃貸料の性格を有しており，その全額を建物の貸付けの対価として取扱います。

遅延損害金について，明渡し遅滞に係る賃貸物件が住宅であれば収受する遅延損害金の全額に対し消費税が非課税となり，賃貸物件が事務所であれば消費税が課税されます。

（中途解約金）

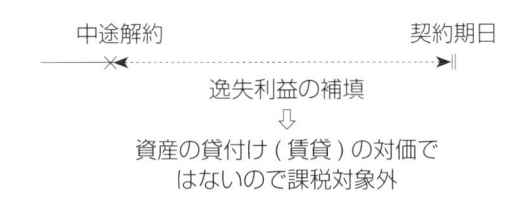

（遅延損害金）

（3）保証金等の償却（消基通5-4-3，9-1-23）

　賃貸借契約等に当たり収受する保証金，権利金，敷金又は更改料（更新料を含みます）のうち，賃貸借契約の終了等に伴って返還することとされているものは，預り金であるため課税の対象とはなりませんが，借主に返還しないこととなる金額は，貸付けの対価であり，返還しないこととなった日の属する課税期間の課税の対象となります。

＜具体例＞
　契約において「賃貸借契約を終了する場合又は賃借人の都合により賃貸借契約を解除する場合は，敷金等のうち15%に相当する金額は，賃借人に対し返還を要しないものとする。」との記載がある。
⇒　敷金等の15%相当額が契約締結日（返還しないこととなった日）の属する課税期間において行った資産の譲渡等の対価に該当する。

（※）敷金・保証金等のうち賃借人に返還しないこととなる金額は，事業用賃貸に係るものである場合には消費税が課税，居住用賃貸に係るものである場合には消費税が非課税となります。

不動産事業における実務 POINT

クリーニング費用などの計上時期に注意

　クリーニング費用などとして入居時に徴収し，返還を行わないことが確定しているものは受け取った時点で課税売上を認識します。

（4）フリーレント契約

　フリーレント契約とは，入居者の新規募集を目的として入居から一定期間の家賃を無料とする賃貸借契約の形態をいいます。フリーレント契約の会計処理の方法は2種類あります。賃貸借期間が2年間で当初2か月をフリーレント期間とした契約を例に2種類の方法を説明します。

1つは，単純に入居から2か月間のフリーレント期間の賃料収入をゼロとして，3か月目の賃料から収益計上を開始する方法です。

　この方法は入居から2か月間の家賃についての「値引き」であるとの考え方によります。

　もう1つは，賃貸借期間に収受する家賃全額を賃貸借期間で平均化して賃料の収益計上を行う方法です。

　つまり，フリーレント期間があることにより賃料は22か月間に渡り収受することになりますが，この22か月間で収受する賃料全額を24か月（2年）で除し，24か月で均等に収益計上を行います。

　この方法は，賃貸借が解約不能条項があるフリーレント契約に基づくものであれば，2か月のフリーレントは実質的に賃貸借期間全体の家賃の値引きであるとの考え方によります。

　この方法は，フリーレント期間の賃料収入について未収入金を計上する必要があり，管理がやや煩雑になります。

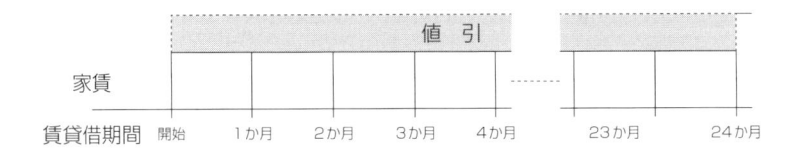

　上記のいずれの会計処理方法によるかは，フリーレント契約の解約不能条項の有無を頼りに行うこととなります。

　よって消費税もこの収益計上に合わせて計算します。

（5）原状回復費用

　賃貸建物の退去に際し，借主の保証金（敷金）の中から原状回復工事の費用相当額を支払うことがあります。本来，借主には「原状回復義務」があり，賃貸建物は賃借人が原状回復の上，返却する必要があります。

　しかし，実務では，貸主が原状回復工事を行った上で，工事代金等を賃借人に請求するケースが一般的です。つまり，借主が負担する原状回復工事費用相当額は，本来は賃借人が行うべき原状回復工事を貸主が代わりに行う役務提供の対価として課税取引となります。

　この借主から収受する「原状回復費用」は，賃料とは性格が異なるので，たとえ賃貸物件の用途が居住用であっても，非課税となる「住宅の貸付け」の取扱いはなく消費税が課税されます。

　また，貸主が支出する原状回復工事費用は課税仕入れに該当しますが，個別対応方式を採用する場合，借主から収受する「原状回復費用」に対応し課税対応仕入れに区分します。

（借方）敷金	100 ／	（貸方）雑収入（課税売上）	10
		（貸方）普通預金	90
（借方）修繕費（課税仕入）	10 ／	（貸方）普通預金	10

　ただし，居住用賃貸物件の退去に伴い，原状回復工事（借主が負担すべきもの）と合わせて貸主が負担すべき次の入居者のための工事が含まれている場合には，貸主が支払う当該工事費用は共通対応課税仕入れに区分する（借主から収受する原状回復工事費用と次の入居者から収受する住宅家賃収入の両方に対応するため）ものと考えられます。

【賃貸収入の取扱いのまとめ】

具体的な取引	消費税の判定
店舗・事務所等の貸付け	課税売上
毎月テナントから収受する水道光熱費等の共益費	課税売上
各テナントから収受する水道光熱費等で，各テナントのメーターごとに区分され，「預り金」などで処理したもの	課税対象外
事務所の貸付けに係る保証金	返還を要しないもの……課税売上 返還不要が確定していないもの ……課税対象外
住宅の貸付け	非課税売上
貸付期間が1か月未満の住宅の貸付け	課税売上
住宅を貸付けた際に収受する礼金	非課税売上
住宅の貸付けの際に収受する敷金	返還を要しないもの……非課税売上 返還不要が確定していないもの ……課税対象外
毎月住宅家賃とあわせて収受する共益費	非課税売上
住宅の家賃と区分して収受する駐車場の賃料	課税売上
住宅の家賃と区分しないで収受する駐車場の賃料	1戸当たり1台以上の駐車スペースが確保され，自動車の保有の有無にかかわらず割り当てられる場合 ……非課税売上
店舗併用住宅の貸付け	店舗部分の家賃……課税売上 住宅部分の家賃……非課税売上

砂利, アスファルト, コンクリート敷, フェンスを設けた駐車場の貸付け	課税売上
青空駐車場（単なる土地）の貸付け	非課税売上
契約期間が1か月に満たない土地の貸付け	課税売上
電柱の設置に伴い受ける土地の使用料	非課税売上
駐車場業者に駐車場用としての更地の貸付け	非課税売上

（6）賃貸料収入の計上時期（消基通9-1-20・9-6-2）

　消費税における不動産の賃貸料収入の計上時期は，前受収益を除き，「契約又は慣習によりその支払を受けるべき日」とされます。これは法人の賃貸料収入の計上と同じです。

　借主が賃貸人に対し翌月分の家賃を当月25日に入金する契約の場合，貸主が法人であれば決算月の25日に収受する家賃は前受収益（翌期初月分の家賃）であるため，翌期の収入に計上することとなります。

　一方，所得税（貸主が個人）においては賃貸料収入の計上時期について，契約により支払日が定められている場合にはその支払日に賃貸料収入を計上するとしつつも，不動産賃貸に当たり帳簿書類を備えて継続的に記帳しその記帳に基づいて不動産所得の金額を計算している等の要件を満たすことで上記の法人のような前受処理も認められています。

　消費税では，所得税の収入計上時期に関し，別に定めがある場合には，それによることができることとしており，個人事業主については所得税の取扱いに合わせた賃貸料収入の計上を認めています。

【参考 法人税法の取扱い】

賃貸借契約に基づく使用料等の帰属の時期（法基通2-1-29）抜粋

　資産の賃貸借（一定のものを除く。以下この章において同じ。）は，履行義務が一定の期間にわたり充足されるものに該当し，その収益の額は2-1-21の2の事業年度の益金の額に算入する。

　ただし，資産の賃貸借契約に基づいて支払を受ける使用料等の額（前受けに係る額を除く。）について，当該契約又は慣習によりその支払を受けるべき日において収益計上を行っている場合には，その支払を受けるべき日は，その資産の賃貸借に係る役務の提供の日に近接する日に該当するものとして，法第22条の2第2項《収益の額》の規定を適用する。

（注）

1　当該賃貸借契約について係争（使用料等の額の増減に関するものを除く。）があるためその支払を受けるべき使用料等の額が確定せず，当該事業年度においてその支払を受けていないときは，相手方が供託をしたかどうかにかかわらず，その係争が解決して当該使用料等の額が確定し，その支払を受けることとなるまで当該使用料等の額を益金の額に算入することを見合わせることができるものとする。

2　使用料等の額の増減に関して係争がある場合には（注）1の取扱いによらないのであるが，この場合には，契約の内容，相手方が供託をした金額等を勘案してその使用料等の額を合理的に見積もるものとする。

不動産所得の総収入金額の収入すべき時期（所基通 36-5）

　不動産所得の総収入金額の収入すべき時期は，別段の定めのある場合を除き，それぞれ次に掲げる日によるものとする。

(1)　契約又は慣習により支払日が定められているものについてはその支払日，支払日が定められていないものについてはその支払を受けた日（請求があったときに支払うべきものとされているものについては，その請求の日）

(2)　賃貸借契約の存否の係争等（未払賃貸料の請求に関する係争を除く。）に係る判決，和解等により不動産の所有者等が受けることとなった既往の期間に対応する賃貸料相当額（賃貸料相当額として供託されていたもののほか，供託されていなかったもの及び遅延利息その他の損害賠償金を含む。）については，その判決，和解等のあった日。ただし，賃貸料の額に関する係争の場合において，賃貸料の弁済のため供託された金額については，(1)に掲げる日

（注）

1　当該賃貸料相当額の計算の基礎とされた期間が3年以上である場合には，当該賃貸料相当額に係る所得は，臨時所得に該当する（2-37 参照）。

2　業務を営む賃借人が賃借料の弁済のため供託した金額は，当該賃借料に係る(1)に掲げる日の属する年分の当該業務に係る所得の金額の計算上必要経費に算入することに留意する。

不動産等の賃貸料にかかる不動産所得の収入金額 の計上時期について（直所2-78）抜粋

（不動産等の貸付けが事業として行われている場合）

1　所得税法第 26 条第 1 項に規定する不動産等の賃貸料にかかる収入金額は，所得税基本通達 36-5《不動産所得の総収入金額の収入すべき時期》

により，原則としてその貸付けにかかる契約に定められている賃貸料の支払日の属する年分の総収入金額に算入するのであるが，その者が不動産等の貸付けを事業的規模で行っている場合で，次のいずれにも該当するときは，同法第67条の2《小規模事業者の収入及び費用の帰属時期》の規定の適用を受ける場合を除き，その賃貸料にかかる貸付期間の経過に応じ，その年中の貸付期間に対応する部分の賃貸料の額をその年分の不動産所得の総収入金額に算入すべき金額とすることができる。

(1)　不動産所得を生ずべき業務にかかる取引について，その者が帳簿書類を備えて継続的に記帳し，その記帳に基づいて不動産所得の金額を計算していること。

(2)　その者の不動産等の賃貸料にかかる収入金額の全部について，継続的にその年中の貸付期間に対応する部分の金額をその年分の総収入金額に算入する方法により所得金額を計算しており，かつ，帳簿上当該賃貸料にかかる前受収益及び未収収益の経理が行われていること。

(3)　その者の1年をこえる期間にかかる賃貸料収入については，その前受収益又は未収収益についての明細書を確定申告書に添付していること。

(注)「不動産等の賃貸料」には，不動産等の貸付けに伴い一時に受ける頭金，権利金，名義書替料，更新料，礼金等は含まれない。

(不動産等の貸付けが事業として行われていない場合)
2　その者が不動産等の貸付けを事業的規模で行なっていない場合であっても，上記1の(1)に該当し，かつ，その者の1年以内の期間にかかる不動産等の賃貸料の収入金額の全部について上記1の(2)に該当するときは，所得税法第67条の2の規定の適用を受ける場合を除き，その者の1年以内の期間にかかる不動産等の賃貸料の収入金額については，上記1の取扱いによることができる。

法人税法上は，前受未収の経理を前提としつつも，支払日を基準とした収益の計上を認めているのに対し，所得税法上は，支払日基準による総収入金額への計上を原則としつつも，前受未収による経理をすることで期間対応による計上を認めています（事業的規模以外の場合には，1年以内の賃料のみに限られています）。

　また，契約についての係争がある場合の収益の計上時期について，下記のような取扱いをすることとしています。

---

① 　賃貸料の増減に係る係争の場合
　　……契約又は慣習によりその支払を受けるべき日に計上する。
② 　①以外の事由に係る係争で支払いを受けるべき賃貸料の金額が確定せず，賃貸料の支払いを受けていない場合
　　……契約又は慣習によりその支払を受けるべき日，又は，係争が解決して賃貸料の額が確定し支払いを受けることとなる日に計上する。

3　経費の取扱い

（1）不動産賃貸業の経費の特徴

　不動産賃貸業の場合，主たる経費は減価償却費や固定資産税や借入金利子，保険料の支払いといった「課税仕入れに該当しないもの」が多く，一般的に，他の業種に比べると経費に占める課税仕入れの比率は低いです。

　そのため，原則課税により計算した実額による仕入控除税額よりも，簡易課税制度を選択し「売上税額×みなし仕入れ率（不動産業の場合は40％）」により計算した仕入控除税額の方が納税者にとって有利となるケースは多く見受けられます。

　また，原則課税による場合，不動産業では土地の譲渡・貸付けや住宅の貸付けといった非課税売上が生じることから課税売上割合が95％未満となることが多く，個別対応方式又は一括比例配分方式で仕入控除税額の計

算を行うことになります。

　不動産賃貸業は他の業種に比べ，非課税取引や非課税売上のための課税仕入れも多く，また，不動産賃貸に係る特有の経費もあり，課税仕入れの判断を誤っているケースが多く見受けられます。まずは，課税仕入れに該当するものを見極め，次に，課税仕入れを適切に区分（課税対応仕入れ，非課税対応仕入れ，共通対応仕入れ）するようにしましょう。

（2）原則課税

①　課税仕入れの区分

　課税仕入れの区分は，売上との対応関係を基に行います。

　仮に，1階が貸店舗，2階が居住用貸室である建物の場合，修繕費は家賃収入との対応関係から課税仕入れの区分を行います。1階の修繕費であれば課税対応仕入れに，2階の修繕費であれば非課税対応仕入れに，また，建物全体の修繕費であれば共通対応仕入れに区分します。

　これは，賃貸用建物の建設予定地の購入に係る仲介手数料や建設予定地の造成費用といった課税仕入れについても同様です。

　土地購入に係る仲介手数料や土地造成費用について，建設する建物が居住賃貸用であれば非課税対応仕入れに，また，建設する建物が事業賃貸用であれば課税対応仕入れに該当します。

　土地そのものの取得は課税仕入れに該当しませんが，土地の取得のための経費が必ずしも非課税対応仕入れに該当するとは限らない点に注意が必要です。

②　マンション管理費と修繕積立金

　マンション管理組合と組合員である区分所有者との間で行う取引は，いわば内部取引と同様のもので営業に該当しないこととされており，消費税

の課税の対象とはされません。すなわち，マンション管理費は「支払手数料」などの勘定科目で経費として計上をしますが,消費税の課税区分は「課税対象外」となります。

　また，修繕積立金もマンション管理組合と組合員である区分所有者との間で行う取引であり，消費税の課税の対象とはされません。

不動産事業における実務 POINT

マンション管理費等について

　分譲マンションなどの区分所有者は，マンションの共用部分の維持管理を行うための費用としてマンション管理組合に管理費を支払います。マンション管理組合では，マンションの管理規約の作成や修繕積立金の管理，共用部分のメンテナンスなどマンション全般の管理を担っています。

　また，修繕積立金は，将来行われるマンション共用部分の修繕に備えて，組合員である区分所有者がマンション管理組合に毎月支払うものです。

　所得税では，修繕積立金の取扱いについて，原則として支出時ではなく，実際に修繕が行われた時点で必要経費に算入することとしています。ただし，修繕積立金の支払いがマンション標準管理規約に沿った適正な管理規約に従い，次の要件を満たしている場合には，修繕積立金について支払期日の属する年分の必要経費に算入しても差し支えないものとしています。

> イ　区分所有者となった者は，管理組合に対して修繕積立金の支払義務を負うことになること
> ロ　管理組合は，支払を受けた修繕積立金について，区分所有者への返還義務を有しないこと
> ハ　修繕積立金は，将来の修繕等のためにのみ使用され，他へ流用されるものでないこと
> ニ　修繕積立金の額は，長期修繕計画に基づき各区分所有者の共有持分に応じて，合理的な方法により算出されていること

修繕積立金が区分所有者において必ず支払う義務があり，返金されることがなく，将来の修繕に使途が限定されているものである場合は，支払期日の必要経費に計上してもよいとされています。

上記の要件は国内のほとんどの分譲マンションの区分所有において該当するので，実務では支払時に「修繕費」として計上している処理を多く見受けます。なお，区分所有者が法人の場合（法人税）でも特に異なることはなく，所得税と同様の取扱いと考えられます。

マンション管理組合に支払う修繕積立金は，支払時に「修繕積立金（資産）」とし修繕が行われた際に「修繕費（経費）」として計上する，又は，支払時に「修繕費（経費）」として計上する，といういずれかの処理方法によることになりますが，会計処理の区分によらず，消費税の課税区分は「課税対象外」となるので注意が必要です。

（3）簡易課税

① 原状回復費用（簡易課税）

借主が負担する原状回復工事費用相当額は，本来は借主が行うべき原状回復工事を貸主が代わりに行う役務提供の対価であり，賃料には該当しません。

したがって，簡易課税制度を適用する場合には，工事を伴う原状回復であればリフォーム業の第3種事業（みなし仕入れ率70%），又は，工事を伴わないクリーニング等の原状回復であれば第5種事業（みなし仕入れ率50%）に該当します（**2 (5)** 原状回復費用参照）。

② 太陽光発電（簡易課税）

太陽光発電事業は第3種事業（みなし仕入れ率70%）に該当します。

太陽光発電の場合，初期投資以外は経費がほとんど発生しません。すな

わち，原則課税であれば売電収入に係る消費税は，ほぼ納付税額となりますが，簡易課税を選択すると納税額は売電収入に係る消費税の３割となります。

不動産事業における実務 POINT

仕入税額控除による還付と３年縛り

太陽光発電設備は高額であるため，納税者において課税事業者を選択し消費税の還付を受ける可能性があります。

ただし，太陽光発電設備が調整対象固定資産に該当すれば，原則課税が３年間（一定の場合には４年間）強制適用される点に注意が必要です。

不動産事業における実務 POINT

簡易課税選択の判断時期に注意

簡易課税制度は，簡易課税制度選択届出書を提出していたとしても基準期間における課税売上高が5,000万円超である課税期間には適用できません。

期末（年末）に過年度の消費税申告書，法人事業概況説明書，過年度の会計データ等で基準期間における課税売上高を確認し，翌期（翌年）の簡易課税の適用の有無を確認しておきましょう。

また，課税事業者の選択により強制的に課税事業者となる課税期間（事業年度が１年の場合，届出効力開始から２年間）や新設法人，特定新規設立法人に該当する課税期間中に調整対象固定資産を取得した場合や原則課税が適用される課税期間に高額特定資産を取得した場合には，簡易課税制度選択届出書の提出をすることができません。

固定資産台帳，棚卸資産台帳，会計データから調整対象固定資産や高額特定資産の取得があった場合には記録，管理しておくようにしましょう。

【著者プロフィール】

石渡 芳徳 （いしわた よしのり）

マルイシ税理士法人の代表社員税理士。不動産税務と相続事業承継を専門とし、長年の経験と実績を有する。不動産と相続に関する数多くの案件を担当し、豊富な知識とノウハウを持つ。本書では、不動産取引の消費税を中心に、実践的な知識を提供。

藤井 幹久 （ふじい みきひさ）

マルイシ税理士法人の代表社員税理士。不動産税務と相続事業承継を専門とする。長年の経験に基づき、不動産と相続に関する複雑な案件にも対応。本書では、自身の専門知識を活かし、石渡とともに不動産取引の消費税の実務をわかりやすく解説。

鈴木 雅人 （すずき まさと）

マルイシ税理士法人の所属税理士。不動産税務と相続事業承継を専門とし、不動産オーナーの税務相談や申告実務に精通している。本書では、豊富な実務経験に基づき、不動産取引の消費税における具体的な処理方法を丁寧に解説。

執筆協力者：所属税理士　関口 聡朗・三田村珠代・長谷川翔

税理士試験科目合格者（消費税法）　桐村菜緒

マルイシ税理士法人　▶ https://maruishi-tax.jp/

一番はじめに読む

不動産ビジネスに伴う消費税

2025年3月31日 初版第1刷発行

著 者	石渡	芳徳
	藤井	幹久
	鈴木	雅人
発行者	大坪	克行
発行所	株式会社 税務経理協会	

〒161-0033東京都新宿区下落合1丁目1番3号
http://www.zeikei.co.jp
03-6304-0505

印 刷	光栄印刷株式会社	
製 本	牧製本印刷株式会社	

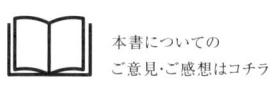

本書についての
ご意見・ご感想はコチラ

http://www.zeikei.co.jp/contact/

ISBN 978-4-419-07245-2　C3034